V&R

Ingvelde Scholz

Das heterogene Klassenzimmer
Differenziert unterrichten

Mit 16 Abbildungen und 15 Tabellen

2., unveränderte Auflage

Vandenhoeck & Ruprecht

In Dankbarkeit dem Friedrich-Schiller-Gymnasium Marbach am Neckar sowie dem Schulleiter Günter Offermann gewidmet, die ein ermutigendes Beispiel dafür sind, wie der Umgang mit der erfrischend bunten Vielfalt im ganz normalen Unterrichts- und Schulalltag gelingen kann.

Bibliografische Information der Deutschen Nationalbibliothek

Die Deutsche Nationalbibliothek verzeichnet diese Publikation in der Deutschen Nationalbibliografie; detaillierte bibliografische Daten sind im Internet über http://dnb.d-nb.de abrufbar.

ISBN 978-3-525-70133-1

Umschlagabbildung: Monkey Business Images/Shutterstock.com

© 2016, 2012, Vandenhoeck & Ruprecht GmbH & Co. KG, Theaterstraße 3, D-37073 Göttingen/
Vandenhoeck & Ruprecht LLC, Bristol, CT, U.S.A.
www.v-r.de
Alle Rechte vorbehalten. Das Werk und seine Teile sind urheberrechtlich geschützt.
Jede Verwertung in anderen als den gesetzlich zugelassenen Fällen
bedarf der vorherigen schriftlichen Einwilligung des Verlages.
Printed in Germany.

Satz: SchwabScantechnik, Göttingen
Druck und Bindung: ⊕ Hubert & Co GmbH & Co. KG,
Robert-Bosch-Breite 6, D-37079 Göttingen

Inhalt

Vorwort 7

1. **Heterogenität und Differenzierung** 9
   1.1 Dimensionen und Aspekte der Heterogenität 9
   1.2 Bildungspolitische Entwicklung 13
   1.3 Kompetenzorientiertes Lernmodell 17

2. **Diagnose- und Förderverfahren** 21
   2.1 Aufgaben und Ziele 21
   2.2 Gütekriterien 24
   2.3 Stolpersteine und Meilensteine 25
   2.4 Qualitätszyklus 26
   2.5 Kriterien und Kompetenzbereiche 27
   2.6 Phasen und Instrumente 27

3. **Innere Differenzierung** 33
   3.1 Unterrichtsmaterialien 33
   3.2 Unterrichtsformen 45
   3.3 Sozialformen 51
   3.4 Jahrgangsübergreifende Lerngruppen 57

4. **Äußere Differenzierung** 60
   4.1 Schulklassen mit besonderem Profil 61
   4.2 Differenzierung nach Entwicklungsstand 65
   4.3 Leistungshomogenere Lerngruppen 75
   4.4 Geschlechtshomogene Lerngruppen 77
   4.5 Monoedukation oder Koedukation? 85
   4.6 Mädchen- und Jungenschulen? 87
   4.7 Geschlechtersensible Koedukation 88

5. **Differenzierte Leistungsbeurteilung** 91
   5.1 Bildungspolitischer Kontext 91
   5.2 Kompetenzorientierter Leistungsbegriff 91
   5.3 Bezugsnorm der Leistungsbeurteilung 94
   5.4 Mögliche Stolpersteine 95
   5.5 Perspektiven 96
   5.6 Umsetzung in der Beurteilungspraxis 97
   5.7 Differenzierte Schülerleistungen 102

6. **Impulse für die Schulentwicklung** 108
   6.1 Personalentwicklung 109
   6.2 Unterrichtsentwicklung 113
   6.3 Organisationsentwicklung 118

Anhang 123
   Glossar 123
   Literatur 124
   Die Autorin 131

Vorwort

> Gleichen Schritt und Tritt zu verlangen beachtet nicht die unterschiedliche Anstrengung für kleine und große Beine. Auch im Intellektuellen und Geistigen bedeuten Gleichschritt und Gleichtakt die Schwächung der Schwächeren und die Behinderung der Stärkeren. (Ruth Cohn, 1993)[1]

Jedes Klassenzimmer ist so heterogen wie die Schüler und Schülerinnen[2]! Als Lehrkräfte erfahren wir tagtäglich die Vielfalt der Kinder und Jugendlichen im Hinblick auf ihre Lernvoraussetzungen, ihr Leistungsvermögen, ihre Motivation, ihre Interessen usw. Die Antwort auf die zunehmende Heterogenität in den Schulklassen ist differenzierter Unterricht. Er bietet die Chance, möglichst vielen Kindern und Jugendlichen in ihrer Unterschiedlichkeit gerecht zu werden.

Zu Recht gilt der erfolgreiche Umgang mit Vielfalt seit vielen Jahren als ein wesentliches Kriterium für Unterrichtsqualität und Schulerfolg.[3] Auch beim Schulwettbewerb »Der Deutsche Schulpreis«, bei dem jedes Jahr die besten deutschen Schulen ausgezeichnet werden, wird der Umgang mit Vielfalt als einer der sechs wesentlichen Qualitätsbereiche angeführt, an denen sich Unterrichts- und Schulqualität messen lassen muss.

Doch die Umsetzung in der Praxis scheint durch die äußeren Rahmenbedingungen rasch an ihre Grenzen zu stoßen: Raumnot, Klassengröße und zu wenig geeignete Materialien werden oft als Argumente gegen die Realisierbarkeit eines differenzierenden Unterrichts ins Feld geführt. Hinzu kommt, dass das Thema Umgang mit Heterogenität vor allem in den weiterführenden Schulen oft ein Schattendasein führt. Diese Lücke möchte das vorliegende Buch schließen, indem es anhand zahlreicher erprobter und bewährter Beispiele aus der Unterrichtspraxis zeigt, wie man mit vertretbarem Aufwand und mit dem »ganz normalen pädagogischen Handwerkszeug« sinnvoll und effektiv differenzieren kann.

Das Buch wird mit einem Blick in das heterogene Klassenzimmer eröffnet: Das erste Kapitel skizziert grundlegende Aspekte und Dimensionen der Heterogenität sowie bildungspolitische Reaktionen auf die pädagogische Vielfalt.

Die Kapitel 2–6 sind dem differenzierten Umgang mit der Heterogenität im Unterrichts- und Schulalltag gewidmet:
– Diagnose- und Förderverfahren
– Innere Differenzierung

---

1 Zitiert nach: Cohn/Terfurth (1993), 174.
2 Immer dann, wenn im Folgenden gelegentlich nur die männliche Form verwendet wird, geschieht dies aus Gründen der Lesbarkeit. Selbstverständlich ist die weibliche Form immer mitgemeint.
3 Eckert (2004), in: Meyer (2004), 86–103; Helmke (2003), 72–74.

- Äußere Differenzierung
- Differenzierte Leistungsbeurteilung
- Impulse für die Schulentwicklung

Die Ausführungen werden mit zahlreichen Beispielen aus der Unterrichtspraxis veranschaulicht. Darüber hinaus findet der Leser für die konkrete Arbeit an der eigenen Schule immer wieder Impulse, die zum Nachdenken, zur Vertiefung sowie zur praktischen Umsetzung einladen. Statt einer passiven Konsumentenrolle kann der Leser also einen aktiven Part übernehmen, indem er bei einzelnen Aspekten erste Schritte von der Theorie zur Praxis wagt. Dieser interaktive Ansatz stellt sicher, dass die Ausführungen der Autorin in die Unterrichtspraxis einfließen und zu einer differenzierten Schulkultur beitragen.

Leser, die bei der Lektüre neugierig geworden sind und noch mehr in die Tiefe gehen möchten, finden am Ende eines jeden Kapitels entsprechende Literaturhinweise.

Was wir zu lernen haben, ist so schwer und doch so einfach und klar:
Es ist normal, verschieden zu sein. (Richard von Weizsäcker, 1993)[4]

Schwäbisch Gmünd, im Februar 2012   *Ingvelde Scholz*

---

4 Zitat aus der Ansprache von Bundespräsident a. D. Richard von Weizsäcker bei der Eröffnungsveranstaltung der Tagung der Bundesarbeitsgemeinschaft Hilfe für Behinderte am 1. Juli 1993 im Gustav-Heinemann-Haus in Bonn

1. Heterogenität und Differenzierung

Wenn Bildungspolitiker und Pädagogen sich über Heterogenität in Schule und Unterricht äußern, haben sie bisweilen recht unterschiedliche Blickwinkel. Deshalb soll es in diesem Kapitel zunächst darum gehen, den Begriff Heterogenität mit seinen vielfältigen Facetten zu beleuchten. Anschließend werden bildungspolitische Entwicklungen und didaktische Modelle der inneren und äußeren Differenzierung skizziert, mit denen man der Heterogenität der Schülerschaft gerecht zu werden versucht.

Der Begriff Heterogenität hat im griechischen Adjektiv heterogenés seine Wurzeln, das aus heteros (= verschieden) und gennáo (= erzeugen, schaffen) zusammengesetzt ist.[1] Im pädagogischen Kontext meint Heterogenität die Verschiedenheit der Schülerinnen und Schüler im Hinblick auf ein oder mehrere Merkmale.

1.1 Dimensionen und Aspekte der Heterogenität

In der Schule und im Unterricht treten verschiedene Dimensionen der Heterogenität zutage, die für die Diagnoseverfahren und Differenzierungsmaßnahmen von Bedeutung sind:
- *Vertikale Heterogenität:* Das unterschiedliche Leistungsvermögen der Schülerinnen und Schüler zeigt sich in vielen Arbeitsbereichen des Unterrichts, sobald die Quantität und Komplexität der Anforderungen gesteigert wird.
- *Horizontale Heterogenität:* Den unterschiedlichen Interessen, Lernwegen und Zugangsweisen der Schüler zu einem Thema oder einer Aufgabenstellung wird in der Schule oft zu wenig Aufmerksamkeit geschenkt, obwohl gerade darin oft der Schlüssel zum Lernerfolg liegt.

---

1 Prengel (2005), in: Bräu/Schwerdt (2005), 20.

Vertikale Heterogenität
Unterschiede im Leistungsniveau

Horizontale Heterogenität
Unterschiede in den Interessen, Lernwegen etc.

Neben den gerade aufgeführten interindividuellen Differenzen gibt es intraindividuelle Unterschiede. So hat ein Schüler z. B. hervorragende Grammatikkenntnisse, aber große Lücken im Wortschatz. Ein anderer interessiert sich für Musik, findet aber zu politisch-historischen Themen keinen Zugang. Ein dritter kann die inhaltlich-fachlichen Anforderungen leicht erfüllen, hat jedoch Schwierigkeiten im Sozialverhalten usw.

Sowohl die interindividuelle als auch die intraindividuelle Heterogenität können sehr breit gestreut sein:[2]
- In einer Grundschulklasse kann die *interindividuelle Variabilität* mehrere Jahre betragen: So kann z. B. das Entwicklungsalter der Kinder im Hinblick auf die Lesekompetenz von 5 ½ Jahren bis zu 8 ½ Jahren reichen.
- Auch *die intraindividuelle Variabilität* kann große Differenzen aufweisen: Ein Kind im Alter von 10 Jahren kann im Hinblick auf die sprachliche Kompetenz ein Entwicklungsalter von 12 Jahren, im Hinblick auf das logische Denken hingegen ein Entwicklungsalter von 8 Jahren haben.

Impuls zum Nachdenken
Stellen Sie sich eine konkrete Lerngruppe in Ihrem Unterrichtsalltag vor und beschreiben Sie möglichst genau die Heterogenität der Lerngruppe.
Welche Empfindungen löst die Vielfalt in Ihnen aus?
(Wie) Reagieren Sie in Ihrem Unterricht auf die Unterschiedlichkeit der Kinder und Jugendlichen?

In einer heterogenen Lerngruppe können sich die Schülerinnen und Schüler in vielfältiger Weise voneinander unterscheiden.
Einige Aspekte der bunten Vielfalt seien im Folgenden genannt:
- *Kulturelle und nationale Identität:* Die Schüler einer Klasse haben möglicherweise eine unterschiedliche kulturelle und nationale Identität – ein Aspekt,

---
2 Vgl. im Folgenden Largo/Beglinger (2009), 284–285.

der vor allem bei der Frage der Integration von Kindern und Jugendlichen mit Migrationshintergrund von großer Bedeutung ist.[3]
- *Religiöse Sozialisation:* Die religiöse Sozialisation von Kindern und Jugendlichen kann in einzelnen Klassen und Schularten stark differieren, sodass der interreligiöse und interkonfessionelle Dialog in Schule und Unterricht zunehmend an Bedeutung gewinnt.[4]
- *Familiärer und sozioökonomischer Kontext:* Sowohl in Deutschland als auch in Österreich und in der Schweiz werden der schulische und berufliche Erfolg maßgeblich von der sozialen Herkunft eines Menschen bestimmt. Die einschlägigen deutschsprachigen Studien zeigen sehr deutlich, dass vor allem Kinder aus bildungsfernen Schichten von Ausgrenzung und massiver Benachteiligung betroffen sind.[5]
- *Kenntnisse und Lernvoraussetzungen:* Viele Kinder kommen mit unterschiedlichen Kenntnissen und Lernvoraussetzungen in die Grundschule. Bereits zu Schulbeginn weisen sie eine bisweilen stark differierende Sprachkompetenz auf. Zu Recht plädieren die Experten deshalb für entsprechende Maßnahmen im Bereich der vorschulischen Frühförderung.[6]
- *Lernwege und Lernstrategien:* Immer wieder kann man im Unterricht die Beobachtung machen, dass Schüler auf unterschiedliche Art und Weise ein Thema erschließen oder die Ergebnisse eines Lernprozesses zusammenfassen.
- *Lern- und Arbeitsverhalten:* Manche Kinder und Jugendliche verfügen über ein gutes Zeitmanagement, sind wohl organisiert, arbeiten zielgerichtet und legen eine enorme Ausdauer an den Tag. Andere hingegen können nur mit Mühe ihre Materialien zusammenhalten und ordnen, trödeln herum oder lassen sich schnell entmutigen. Das hat nicht selten zur Folge, dass einige Schüler Aufgaben in Windeseile erledigen, während andere gerade erst anfangen.
- *Leistungsmotivation:* Die Lust und die Freude am Lernen – eine wesentliche Voraussetzung für schulischen Erfolg – sind nicht bei allen Schülern in gleicher Intensität anzutreffen und können von Fach zu Fach und von Inhalt zu Inhalt differieren und sind mitunter auch vom Lehrer abhängig.
- *Erfolgs- und Misserfolgsattribution:* Kinder und Jugendliche haben unterschiedliche Erklärungsmuster für ihre Erfolgs- und Misserfolgserlebnisse. Ob sie ihre guten oder schlechten Ergebnisse in der Schule eher äußeren oder inneren Faktoren zuschreiben, hat bekanntermaßen gravierende Konsequenzen für das Selbstwertgefühl und das Lernverhalten.[7]

---

3 Vgl. besonders Tanner u. a. (2006)
4 Burrichter (2005)
5 Hartmann (2002); Maaz/Baumert/Cortina (2008)
6 Wellenreuther (2009)
7 Vgl. dazu Möller (2001)

- *Temperamentsunterschiede:* Kinder zeichnen sich durch unterschiedliche Temperamente aus, was für Eltern und Lehrkräfte eine besondere Herausforderung darstellt.[8] Im schulischen Kontext können Temperamentsunterschiede weitreichende Folgen haben: Während Lehrkräfte extrovertierte Schüler in der Regel als intelligenter einschätzen und entsprechend unterstützten und herausfordern, neigen sie bei introvertierten und ängstlichen Kindern eher dazu, diese zu unterschätzen und ihnen weniger zuzutrauen.[9] Dies kann für die Entwicklung der betroffenen Kinder und Jugendlichen weitreichende Konsequenzen nach sich ziehen.
- *Geschlechtsbedingte Unterschiede:* In jüngster Zeit geraten die geschlechtsbedingten Unterschiede verstärkt in den Fokus, nachdem über viele Jahrzehnte eine geschlechtsindifferente Sichtweise vorherrschte. Kapitel 4 widmet dieser Thematik einen längeren Abschnitt.

Impuls für die Unterrichtspraxis

Um die Heterogenität einer Klasse zu erfassen, können Sie in einer Klasse, die Sie neu übernommen haben bzw. neu übernehmen, jeden Schüler ein Schülerporträt über sich anfertigen lassen. Dieses Schülerporträt sollte nicht mehr als eine Seite umfassen. Sie können folgende Aspekte vorgeben: Name, Klasse, Foto, Hobbys, Familie, Lieblingsfächer, schönstes Erlebnis, persönliche Vorlieben (und eventuell »Macken«?), drei Wünsche für das Schuljahr und den Unterricht.

Die Lehrkräfte sind sich der großen Vielfalt in der Regel durchaus bewusst, was ein Blick in zahlreiche Unterrichtsentwürfe von Referendaren bestätigt, die ihre Klasse meist sehr differenziert beschreiben. Doch nur selten hat diese Erkenntnis Konsequenzen für die Unterrichtsgestaltung.

> Viele Lehrer gehen von einem fiktiven Mittelmaß aus und praktizieren das Lernen im Gleichschritt nach dem Prinzip des sogenannten 7-G-Unterrichts: Die gleichen Schüler lösen beim gleichen Lehrer im gleichen Raum zur gleichen Zeit im gleichen Tempo die gleichen Aufgaben mit dem gleichen Ergebnis.

Doch es ist sicher eine große Illusion zu glauben, erfolgreiches Lernen lasse sich nach diesem Prinzip des Gleichschritts organisieren.

Denn Lernen ist grundsätzlich ein individueller Vorgang. Lässt man nur einen Lernweg im Gleichschritt zu, kann man am Ende zwar feststellen, wie viele Schüler genau auf diesem Weg wie weit gekommen sind. Aber man hat nicht erfahren, ob

---

8 Zentner (1998)
9 Jost (2003), 19–20.

nicht einige Schüler auf einem der denkbaren anderen Wege viel weiter gekommen wären. Nicht selten werden beim Lernen im Gleichschritt leistungsschwächere Schüler entmutigt und schalten ab, während es den besonders begabten und interessierten längst langweilig ist, sodass sie sich möglicherweise anderen Beschäftigungen zuwenden oder ihre Mitschüler ablenken und damit auch den Lernprozess stören.

Statt den Unterricht an einem fiktiven Durchschnittsschüler auszurichten, gilt es, sich der Heterogenität bewusst zu werden und ihr durch differenzierende Maßnahmen auf der inhaltlichen, didaktischen, methodischen, sozialen und organisatorischen Ebene so weit wie möglich gerecht zu werden.

1.2 Bildungspolitische Entwicklung

Die Verfassungen der Bundesländer weisen ausdrücklich darauf hin, dass man der Vielfalt der Schüler in der Schule Rechnung tragen muss.

Jeder junge Mensch hat ohne Rücksicht auf Herkunft oder wirtschaftliche Lage das Recht auf eine seiner Begabung entsprechende Erziehung und Ausbildung. Das öffentliche Schulwesen ist nach diesem Grundsatz zu gestalten (Landesverfassung Baden-Württemberg, Artikel 11).

In der bildungspolitischen Diskussion der Vergangenheit und Gegenwart gab und gibt es zwei Richtungen, auf die heterogenen Lerngruppen zu reagieren, nämlich die innere und die äußere Differenzierung.

Bei der inneren Differenzierung bzw. Binnendifferenzierung wird die heterogene Lerngruppe als Chance für die Unterrichtsentwicklung betrachtet: Nach dem Prinzip der Modifikation bzw. Integration werden der Unterricht und die Lernumwelt unter Beibehaltung des Klassenverbandes soweit wie möglich an den individuellen Bedürfnissen und Fähigkeiten der einzelnen Schülerinnen und Schüler ausgerichtet und entsprechend angepasst.

Die Vertreter dieses integrativen Ansatzes sehen die innere Differenzierung vor allem als Möglichkeit, im Schul- und Unterrichtsalltag demokratisches und solidarisches Denken und Handeln einzuüben. Denn die Schüler lernen eher in heterogenen als in homogenen Lerngruppen Denk- und Verhaltensweisen kennen, die vom Durchschnitt abweichen, und können sich darin üben, mit dieser Andersartigkeit und Unterschiedlichkeit konstruktiv und kooperativ umzugehen.[10]

> Bei der äußeren Differenzierung werden nach dem Prinzip der Selektion bzw. Segregation durch verschiedene Auswahlverfahren möglichst homogene Lerngruppen gebildet, die über einen längeren Zeitraum voneinander räumlich getrennt unterrichtet werden.

Die äußere Differenzierung kann über verschiedene vorab definierte Kriterien, wie z. B. Schulleistung, Interesse, Geschlecht, Religionszugehörigkeit u. a. erfolgen und in eine interschulische oder intraschulische Differenzierung münden (vgl. Schaubild auf Seite 17).

Der Wunsch nach homogenen Lerngruppen erweist sich in der Praxis freilich als Illusion, da größere Homogenität jeweils nur für ein einzelnes Kriterium hergestellt werden kann. Auch im gegliederten Schulsystem ist eine heterogene Schülerschaft trotz zahlreicher Selektionsstrategien der Normalfall. Zudem besteht bei den leistungsorientierten Selektionsmaßnahmen die Gefahr, dass Aspekte des personalen und sozialen Lernens zu sehr in den Hintergrund treten.

> Die Zielsetzung der inneren wie der äußeren Differenzierung besteht darin, eine optimale Passung – also eine möglichst große Übereinstimmung zwischen Individuum und Umwelt bzw. zwischen Schüler und Unterricht – herzustellen. Dadurch soll bei möglichst vielen Schülern ein Optimum erreichbarer Lern- und Entwicklungsfortschritte bewirkt werden.

Sowohl die innere als auch die äußere Differenzierung können je nach Kontext ihre Berechtigung haben.

In der Vergangenheit wurde in Deutschland auf die Heterogenität der Schülerschaft oft mit unterschiedlichen Schulformen reagiert: Nach einer gemeinsamen Grundschulzeit von vier oder sechs Jahren wurden die Kinder meist getrennt. In der Gegenwart scheint sich ein Perspektivenwechsel anzubahnen, der durch die 2006 verabschiedete und 2008 in Kraft getretene UN-Konvention für die Rechte von Menschen mit Behinderung bedingt ist. Im Jahre 2009 hat der Bundesrat einen Gesetzentwurf verabschiedet, der die rechtlichen Voraussetzungen für die Ratifikation des UN-Übereinkommens über die Rechte von Menschen mit Behinderungen schafft. Damit wird der völkerrechtliche Vertrag für Deutschland verbindlich.

---

10 Vgl. z. B. Graumann (2002) und Knauer (2008)

States Parties recognize the right of persons with disabilities to education. With a view to realizing this right without discrimination and on the basis of equal opportunity, States Parties shall ensure an inculsive education system at all levels and life long learning. (Artikel 24 der UN-Konvention für die Rechte von Menschen mit Behinderung).

Nach der UN-Konvention muss benachteiligten Menschen die Teilnahme an allen gesellschaftlichen Aktivitäten auf allen Ebenen und in vollem Umfang ermöglicht werden. Für die Länder folgt daraus die Aufgabe, für alle Heranwachsenden ein inklusives Schulsystem zu ermöglichen.

Die inklusive Pädagogik sieht die heterogene Schülerschaft als eine normale Gruppe an, die gemeinsam beschult und unterrichtet werden kann.

Die Vertreter des Inklusionskonzeptes sind überzeugt, dass die Mehrheit der Schülergesamtheit die meisten Erziehungs- und Bildungsbedürfnisse gemeinsam hat und dass es darüber hinaus individuelle Bedürfnisse gibt, für die spezielle Methoden oder eine besondere pädagogische Begleitung und Unterstützung notwendig und sinnvoll sein können.

Die folgende an dem Modell von Sander[11] angelehnte Darstellung veranschaulicht die Entwicklungsphasen schulischer Integration und Inklusion.

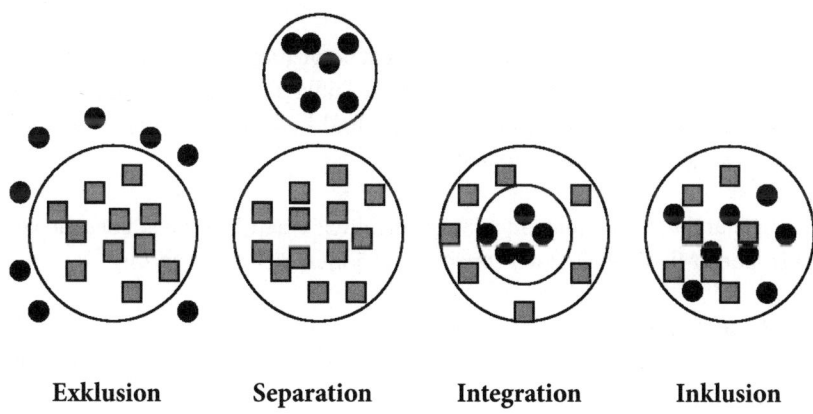

Exklusion   Separation   Integration   Inklusion

Die Begriffe werden nach Sander im pädagogischen Kontext wie folgt definiert:[12]

---

11 Sander (2006)
12 Selbstverständlich gibt es zwischen den Begriffen Exklusion und Separation sowie Integration und Inklusion Überschneidungen.

- *Exklusion:* Der Begriff Exklusion kommt aus dem Lateinischen (lat. exclusio: Ausschluss) und meint die Ausgrenzung von Schülern mit Behinderungen von jeglichem Schulbesuch.
- *Separation:* Unter Separation (lat. separatio: Trennung) versteht man die Aussonderung von Schülern mit Behinderungen in sogenannten Sonder- bzw. Förderschulen.
- *Integration:* Pädagogische Integration (lat. integratio: Wiedereingliederung) meint die Eingliederung von Schülern, die bisher ausgegrenzt wurden. Die Unterschiede zwischen den Kindern werden bei diesem Ansatz noch wahrgenommen, indem zwischen Schülern mit sonderpädagogischem Förderbedarf und solchen ohne sonderpädagogischen Förderbedarf unterschieden wird.
- *Inklusion:* Die Inklusionspädagogik (lat. inclusio: Einschließung) hat sich aus der Integrationspädagogik entwickelt. Während mit pädagogischer Integration oft die Eingliederung von bisher ausgesonderten Schülerinnen und Schülern gemeint ist, verzichtet die inklusive Pädagogik auf jegliche Einteilung und Etikettierung und will den gemeinsamen wie individuellen Bedürfnissen aller Schüler gleichermaßen Rechnung tragen.

Auf die bisweilen sehr einseitig und ideologisch geführte bildungspolitische Diskussion, ob zur Förderung unterschiedlicher Begabungen eher ein gegliedertes oder ein integratives bzw. inklusives Schulwesen geeigneter ist, kann an dieser Stelle nicht eingegangen werden.[13]

> Als Richtschnur für Schule und Unterricht empfehlen wir, so viel innere Differenzierung wie möglich und so viel äußere Differenzierung wie nötig zu praktizieren. Außerdem sollten individuelles und kooperatives Lernen in einem ausgewogenen Verhältnis stehen.

Das Schaubild auf der folgenden Seite vermittelt einen Überblick über die verschiedenen Möglichkeiten der inneren und äußeren Differenzierung.

Impuls zur Vertiefung
Notieren Sie stichwortartig, welche Vorteile und Nachteile Sie mit der inneren und äußeren Differenzierung verbinden, und ziehen Sie eine persönliche Bilanz.
Tauschen Sie sich mit einem Kollegen über Ihre Gedanken aus.
Je nach Atmosphäre und Interesse können Sie auch eine Diskussion oder ein offenes Gespräch mit mehreren Kollegen und/oder Eltern zu diesem wichtigen Thema führen.

---

13 Lee (2010); Oelkers (2006); Schöler (2009); Stähling (2009)

Möglichkeiten der inneren und äußeren Differenzierung

Innere Differenzierung	Äußere Differenzierung	
	Interschulische Differenzierung	Intraschulische Differenzierung
- oft verknüpft mit Gemeinschaftsschulen und Gesamtschulen (Integration und Inklusion)	- allgemein bildende Schulformen: z. B. Grund-, Haupt-, Realschule, Gymnasium, Förderschule etc.	- leistungshomogene Lerngruppen: z. B. A-, B-, C-Kurse
- differenzierende Aufgabenstellungen: z. B. im Hinblick auf Anforderungsniveau, Inhalte, Lernwege etc.	- berufsbildende Schulformen: z. B. berufliches Gymnasium, Berufsschule, Berufsfachschule etc.	- Lerngruppen oder Schulklassen mit besonderem Profil: z. B. Instrumentalklassen etc.
- differenzierende Unterrichtsformen: z. B. Freiarbeit, Lernen an Stationen, Projektarbeit etc.	- reformpädagogisch orientierte Schulformen: z. B. Montessori-Schulen, Peter-Petersen-Schulen etc.	- Geschlechtshomogene Lerngruppen: z. B. in Sport, Sexualkunde etc.
- differenzierende Sozialformen: z. B. Einzel-, Partner-, Gruppenarbeit etc.	- Schulformen mit speziellem Profil: z. B. Musik- oder Sportschulen etc.	- Neigungshomogene Lerngruppen: z. B. Kurse in der Oberstufe
		- Differenzierung nach Entwicklungs- und Leistungsstand: z. B. Förderkurse, Enrichment-Angebote etc.

1.3 Kompetenzorientiertes Lernmodell

Im Zusammenhang mit der Forderung einer differenzierten und individuellen Förderung der Schüler spielt der kompetenzorientierte Lern- und Leistungsbegriff eine wichtige Rolle, der einem ganzheitlichen Menschenbild verpflichtet ist.

Vor dem Hintergrund der zum Teil rasanten gesellschaftlichen Veränderungen, welche von der Schule die Vermittlung einer umfassenden Handlungskompetenz einfordern, wird der Ruf nach einer Ergänzung und Erweiterung des traditionellen Bildungs- und Lernbegriffs immer lauter. Denn mit fachlichem Know-how allein können die Schüler die gegenwärtigen und künftigen Herausforderungen nicht meistern. Sie müssen vielmehr über weitere Kompetenzen verfügen, wie z. B. Anstrengungs- und Leistungsbereitschaft, hohe Frustrationstoleranz, geschicktes Zeitmanagement, Empathiefähigkeit, Kooperationsbereitschaft, Problemlösestrategien, Solidarität etc.

> Unter Kompetenzen versteht man Fähigkeiten und Fertigkeiten, um bestimmte Probleme zu lösen, sowie die Bereitschaft und die Fähigkeit, die Problemlösestrategien in unterschiedlichen Situationen erfolgreich und verantwortungsvoll zu nutzen.

Die neuen Bildungspläne haben als Steuerungsinstrument für Bildungsqualität entsprechende Bildungsstandards formuliert, die sich vier Kompetenzbereichen zuordnen lassen:[14]
- *Inhaltlich-fachliche Kompetenzen:* grundlegende fachliche Kenntnisse und Fertigkeiten besitzen und anwenden etc.
- *Methodische Kompetenzen:* erfolgreich planen, organisieren, gestalten, visualisieren, strukturieren usw.
- *Personale Kompetenzen:* Selbstvertrauen entwickeln, sich realistisch einschätzen, Engagement zeigen, Werthaltungen aufbauen u. a.
- *Soziale Kompetenzen:* andere Menschen wahrnehmen, ihnen zuhören, mit ihnen kooperieren, Konflikte lösen etc.

Die angestrebten Kompetenzen entwickeln sich nicht in einem luftleeren Raum, sondern sind den Einflüssen zahlreicher externer Faktoren ausgesetzt (z. B. Familie, Schule, Freundeskreis), die auf die jungen Menschen einwirken. Außerdem überlappen sich die verschiedenen Kompetenzen und ergänzen einander, wie das folgende Schaubild zeigt:

---

14 Vgl. z. B. Bildungsplan 2004 Grundschule, Baden-Württemberg, 12.

Kompetenzorientiertes Lernmodell

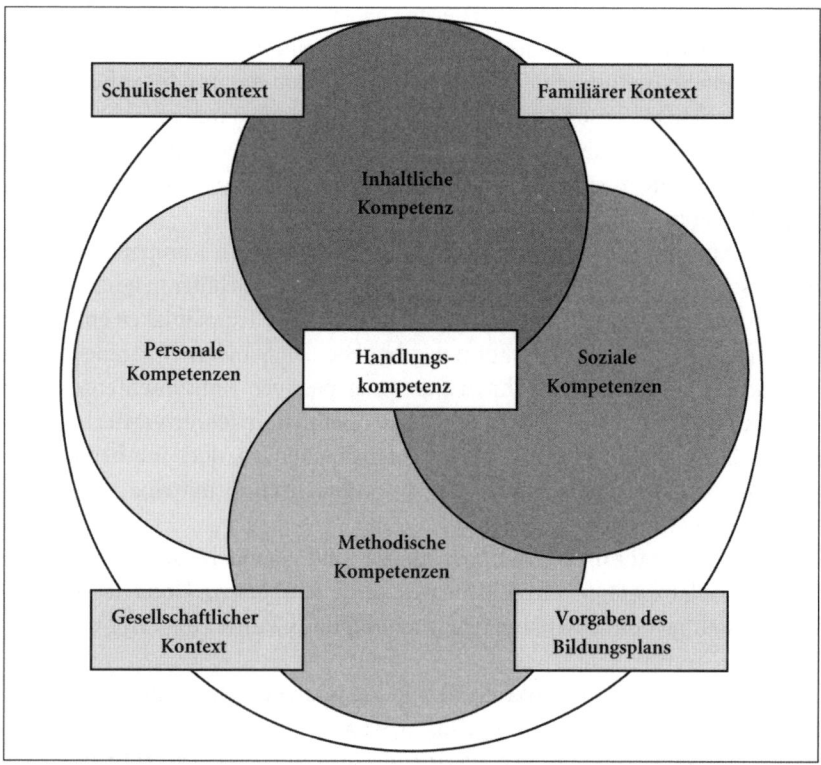

Nur im erfolgreichen Zusammenspiel dieser vier Lernbereiche können unsere Schüler umfassende Handlungskompetenz entwickeln.

Impuls für die Unterrichtspraxis
Planen Sie eine konkrete Unterrichtsstunde, bei der Sie verschiedene Kompetenzbereiche berücksichtigen.
Stellen Sie den Schülern Materialien und/oder Aufgaben zur Verfügung, bei denen sie sich in mindestens zwei Kompetenzbereichen weiterentwickeln können.

> Durch die Vermittlung fachlicher wie auch überfachlicher Kompetenzen sollen die Schüler dafür gerüstet werden, unterschiedliche Herausforderungen innerhalb wie außerhalb der Schule zum Wohle der Gemeinschaft und Gesellschaft meistern zu können.

Freilich bildet das dargestellte Modell (noch) nicht die Schulwirklichkeit ab, da an vielen Schulen die vier Kompetenzbereiche im Unterricht nicht gleichwertig vertreten sind.

Die inhaltlich-fachlichen Kompetenzen haben in vielen weiterführenden Schulen nach wie vor eine deutliche Vorrangstellung, während die anderen drei Bereiche eher ein Schattendasein führen und meist nur am Rande oder außerhalb des Fachunterrichts in besonderen Projekten zur Geltung kommen.[15]

Doch der erweiterte Lern- und Leistungsbegriff fordert dazu auf, den ganzheitlichen Ansatz möglichst weitgehend auch im ganz normalen Fachunterricht zu praktizieren.

Die Grundlage für die Vermittlung der verschiedenen Kompetenzbereiche bilden schülerorientierte Arbeitsformen, bei denen die Schüler in einem umfassenden Sinn selbstständig entdecken und lernen sowie Teamfähigkeit entwickeln können. Diese offenen Arbeitsformen schenken den Schülern Vertrauen in ihre Fähigkeiten und übergeben ihnen statt einer passiven Konsumentenrolle den aktiven Part. Denn ein Unterricht, der ausschließlich auf lehrerzentrierten Lernformen basiert, kann zwar meist recht gut die fachlichen, doch nur begrenzt die methodischen, personalen und sozialen Kompetenzen vermitteln.

> Insbesondere für die Vermittlung sozialer und personaler Kompetenzen bilden schülerorientierte Arbeitsformen sowie kooperative Unterrichtsformen eine wichtige Voraussetzung (vgl. auch Kapitel 3.2 und 3.3).

Eine individuelle Persönlichkeitsentwicklung in den unterschiedlichen Kompetenzbereichen kann freilich nur gelingen, wenn der Schüler sich regelmäßig mit seinen Stärken und Schwächen auseinandersetzt und ihm Perspektiven für seinen künftigen Lernprozess eröffnet werden. Dafür möchte das folgende Kapitel entsprechende Anregungen geben.

Literatur

- *Boller/Rosowski/Stroot (2007):* Theorieorientierte Einführung in die Thematik der Vielfalt im Schulwesen und praxisorientierte Handlungsansätze verschiedener Fächer und Themenbereiche zum pädagogischen Umgang mit Heterogenität.
- *Bräu/Schwerdt (2005):* Systematische Klärungen des Spannungsfeldes von Gleichheit und Differenz in Schule und Unterricht sowie pädagogische und fachdidaktische Perspektiven.
- *Lee (2010):* Kritische Auseinandersetzung mit dem Inklusionskonzept von Andreas Hinz.
- *Oelkers (2006):* Vorstellung eines Strukturmodells, das auf Systementwicklung abzielt.

---

15 Grunder/Bohl (2001), 15–17.

2. Diagnose- und Förderverfahren

Differenzierte und individuelle Förderung der Schülerinnen und Schüler setzt ausreichende diagnostische Kompetenz aufseiten der Lehrkräfte voraus. Verschiedene Studien haben jedoch gezeigt, dass es um die diagnostische Kompetenz der Lehrer nicht gut bestellt ist.[1] Das folgende Kapitel skizziert zunächst Aufgaben und Ziele diagnostischer Lehrerurteile und weist auf mögliche Stolpersteine hin. Anschließend werden Kriterien und Kompetenzbereiche sowie Phasen und Instrumente eines erfolgreichen Diagnose- und Förderprozesses vorgestellt.

2.1 Aufgaben und Ziele

Nur wenn die Schüler ein realistisches Bild über ihre Stärken und Schwächen erhalten, können sie mithilfe differenzierter Förderung gezielt vielfältige Kompetenzen aufbauen bzw. weiterentwickeln. Die Aufgabe einer frühzeitigen und regelmäßigen Diagnose muss deshalb dem Ziel gelten, individuelle Fähigkeiten der Schüler zu entdecken und zu fördern sowie potenzielle oder bereits vorhandene Lern- und Leistungsprobleme zu erkennen, um durch gezielte Beratung und Unterstützung möglichen Schwierigkeiten rechtzeitig vorzubeugen oder bestehende zu beheben.

> Eine kompetenzorientierte Diagnose darf sich weder auf die Feststellung der Defizite noch des jeweiligen Leistungsstandes der Schüler beschränken. Vielmehr gilt es, auch und vor allem an den Stärken anzusetzen und bei den Schwächen mögliche Ursachen und Hintergründe in den Blick zu nehmen. Erst auf dieser Grundlage kann eine optimale individuelle Förderung der Schüler gewährleistet werden.

Impuls zum Nachdenken
Stellen Sie sich einen Schüler/eine Schülerin vor, bei dem Sie besondere Stärken oder Schwächen festgestellt haben. Wann und wie haben Sie dem Schüler eine Rückmeldung über seine Kompetenzen gegeben?
(Wie) Ist es Ihnen gelungen, diesen Schüler zu fordern und zu fördern?

---

1 Helmke (2003), 84–104.

Lehrkräfte haben mitunter einen sehr defizit- und leistungsorientierten Blickwinkel, sodass bei den Diagnose- und Förderverfahren fast ausschließlich die Schwächen und kognitiven Leistungen der Schüler Beachtung finden. Das mehrdimensionale Begabungsmodell von Kurt Heller[2] wie auch das Modell der multiplen Intelligenzen von Gardner[3] zeigen, dass diese einseitige Wahrnehmung der Ergänzung bedarf. Begabungen und Fähigkeiten können in ganz unterschiedlichen Bereichen sichtbar werden, von denen exemplarisch einige genannt seien:

Begabungsbereiche	Der Schüler/-in ...
Sprachlicher Bereich	... kann gut Geschichten erzählen, interessiert sich für Wortspiele usw.
Mathematischer Bereich	... liebt Zahlenspiele, anspruchsvolle Rechenaufgaben etc.
Räumlicher Bereich	... beschäftigt sich gerne mit Stadtplänen, Modellbauten, Architektur etc.
Naturwissenschaftlicher Bereich	... interessiert sich besonders für Tiere und Pflanzen, sammelt Insekten o.Ä.
Musikalischer Bereich	... spielt ein Instrument, kann Rhythmen, Melodien oder Harmonien erkennen und ohne Probleme nachspielen usw.
Sozialer Bereich	... unterstützt andere Kinder, kann Konflikte schlichten etc.
Körperlicher Bereich	... kann seine Körperbewegungen gut und geschickt steuern usw.

Impuls für die Unterrichtspraxis
Schatzsuche statt Fehleranalyse! Notieren Sie sich für die nächste(n) Woche(n) aus einer Ihrer Klassen zwei bis drei Schülernamen, achten Sie gezielt auf deren Stärken und halten Sie Ihre Beobachtungen stichwortartig fest.
Sprechen Sie die betreffenden Schüler auf ihre Fähigkeiten an und überlegen sie gemeinsam, in welchem Rahmen diese Schüler ihre Fähigkeiten im Unterricht oder bei außerunterrichtlichen Projekten einbringen könnten. Wenden Sie dieses Verfahren in den darauf folgenden Wochen auch bei anderen Schülern an.

---

2   Heller (2001)
3   Gardner (2005)

Sollte der Lehrer im Unterricht zu wenig Hinweise auf die vielfältigen Fähigkeiten seiner Schüler erhalten, kann er sie auch einen Interessefragebogen ausfüllen lassen, um seinen Blickwinkel für deren Fähigkeiten und Begabungen zu öffnen.

> **Beispiel: Mit dem Interessefragebogen auf Schatzsuche**
>
> Was machst du gerne in deiner Freizeit?
> ....
> ....
>
> Stell dir vor, du wirst zu einer Diskussion im Jugendclub oder im Fernsehen eingeladen. Zu welchem Thema könntest du etwas beitragen?
> ....
>
> Angenommen, du könntest ein Interview mit einer (lebenden oder bereits verstorbenen) Person machen, die du bewunderst.
> Welche Person würdest du gerne zu deinem Interview einladen?
> Welche drei Fragen würdest du ihr auf jeden Fall stellen?
> ....
> ....
>
> Stell dir vor, du wirst richtig berühmt. Wofür könntest du berühmt werden?
> ....
>
> Im Folgenden sind ein paar Tätigkeiten genannt. Schreibe hinter die Tätigkeiten, die du gerne mal machen würdest, ein +, hinter die Tätigkeiten, die du nicht so gerne übernehmen würdest, ein – und hinter Tätigkeiten, bei denen du dir nicht so sicher bist, ein ?
> – Fotos für ein Magazin machen
> – bei einem Sportwettkampf mitmachen
> – ein naturwissenschaftliches Experiment leiten
> – bei einer Musikaufführung mitwirken
> – einen Artikel für die Schülerzeitung schreiben
> – eine Veranstaltung vorbereiten (z. B. Disko)
> – gemeinsam mit anderen ein Auto oder Motorrad reparieren
> – eine Diskussionsveranstaltung gestalten
> – …

2.2 Gütekriterien

Diagnosekompetenz bezeichnet die Fähigkeit des Lehrers, das Lern- und Leistungsverhalten der Schüler nach festgelegten Kriterien angemessen zu beurteilen.[4]

Im pädagogischen Kontext können die für psychologische Testverfahren geltenden Gütekriterien Objektivität, Reliabilität und Validität nur bedingt Anwendung finden, wie Helmke zu Recht betont.[5] Eine pädagogische Diagnose sollte sich nach Weinert und Schrader vor allem durch folgende Gütekriterien auszeichnen.[6]
Pädagogische Diagnosen sollen ...
- ... eine ungefähre Genauigkeit aufweisen und permanent einer kritischen Reflexion unterzogen werden. Das besondere Augenmerk der Lehrer gilt dabei nicht nur dem aktuellen Leistungsstand, sondern vor allem der Frage, durch welche Faktoren der Lernprozess der Schüler beeinträchtigt und unterstützt werden kann.
- ... neben der sozial- und kriterienorientierten Bezugsnorm vor allem einen an den individuellen Fähigkeiten und Lernfortschritten orientierten Maßstab anlegen (vgl. Kapitel 5), der für den schulischen Lernerfolg und die Persönlichkeitsentwicklung der Schüler von großer Bedeutung ist.
- ... sich durch pädagogisch günstige Voreingenommenheiten auszeichnen, d.h. Lehrkräfte sollen das Ausmaß der Leistungsunterschiede zwischen den Schülern einer Klasse maßvoll unterschätzen, das Leistungspotenzial einzelner Schüler leicht überschätzen und deren Erfolge auf Begabung und Misserfolge auf mangelnde Anstrengung oder ineffektiven Unterricht zurückführen. Diese leicht optimistische Erfolgserwartung stellt sicher, dass der Lehrer in seinen pädagogischen Bemühungen nicht nachlässt.

Impuls für die Unterrichtspraxis
Überlegen Sie, ob und wie Sie die genannten Gütekriterien in Ihrem Unterrichtsalltag gezielt anwenden können.

---

4 Meyer (2004), 100.
5 Helmke (2003), 88–90.
6 Weinert und Schrader (1986)

2.3 Stolpersteine und Meilensteine

Verschiedene Untersuchungen und Umfragen belegen, dass Lehrerbeurteilungen gleicher Schülerleistungen sich gravierend unterscheiden können[7] und häufig keine Perspektive für den weiteren Lernprozess eröffnen.[8] Dies mag zum großen Teil auch darauf zurückzuführen sein, dass Lehrkräfte zahlreichen Urteilsfehlern ausgesetzt sind.

Subjektive Fehlerquellen
Bei der Diagnose von Schülerleistungen können verschiedene Fehlerquellen auftreten, von denen die wichtigsten kurz genannt seien:
- *Tendenz zur Mitte versus Tendenz zu Extremurteilen:* Während manche Lehrkräfte grundsätzlich zu mittleren Urteilen neigen, z. B. niemals die Noten 1 sowie 5 und 6 geben, zeigen andere Lehrer die Tendenz zu Extremurteilen.
- *Tendenz zur Milde versus Tendenz zur Strenge:* Milde Lehrer beurteilen Schüler günstiger, als es von der Sache her angemessen wäre, und neigen dazu zu gute Noten zu geben. Strenge Lehrer zeigen die Tendenz, selbst geringe Fehler stark zu gewichten und eher ungünstige Beurteilungen vorzunehmen.
- *Einfluss von Geschlecht und Sympathie:* Untersuchungen haben gezeigt, dass Lehrkräfte im Durchschnitt dazu neigen, objektiv gleiche Leistungen von Mädchen günstiger zu bewerten als die von Jungen.[9] Andere Studien zeigen, dass zahlreiche Lehrer Schüler, die ihnen sympathisch sind, günstiger beurteilen, als es den tatsächlichen Leistungen entspricht.[10]
- *Einfluss von Voreingenommenheiten oder Zusatzinformationen:* Viele Lehrer erwarten von Schülern, die hervorragende Leistungen in Mathematik zeigen, ähnliche Leistungen im Fach Physik. Des Weiteren wird ein Schüler, der von seinem äußeren Erscheinungsbild her unordentlich wirkt und dem ein entsprechender Ruf vorauseilt, oft von vornherein schlechter eingeschätzt, als er es verdient (Halo-Effekt).

Impuls zur Vertiefung
Machen Sie sich anhand der obigen Liste Notizen, welche subjektiven Fehlerquellen Ihre diagnostische Kompetenz beeinflussen könnten.
Wählen Sie eine Fehlerquelle aus, auf die Sie bei der nächsten Schülerbeurteilung besonders achten wollen, und überlegen Sie sich, wie Sie diese Fehlerquelle vermeiden können.

---

7 Deutsches PISA-Konsortium (2003) sowie Sacher (2004)
8 Scholz/Weber (2010)
9 Preuss-Lausitz (2008)
10 Paradies/Linser/Greving (2007)

2.4 Qualitätszyklus

Die genannten Fehlerquellen können oft nur vermieden oder behoben werden, indem Lehrer ihre diagnostische Kompetenz immer wieder auf den Prüfstand stellen und geeignete Maßnahmen ergreifen.

Zur Erfassung und Verbesserung der pädagogischen Diagnosefähigkeit empfehlen wir Lehrern folgenden Zyklus:[11]

- *Auswahl eines Merkmals:* Zunächst wählt der Lehrer ein Merkmal eines Schülers oder einer Aufgabenstellung aus, anhand dessen er seine diagnostische Kompetenz erfassen und verbessern will. So kann er das Augenmerk z. B. darauf richten, wie bestimmte Schüler beim Lösen mathematischer Textaufgaben oder wie sie mit Prüfungssituationen umgehen.
- *Persönliche Prognose:* Anschließend überlegt sich der Lehrer, welches Ergebnis er erwartet, und hält seine Einschätzung schriftlich fest. Dieser Schritt dient der Sensibilisierung und gegebenenfalls der Korrektur der bisweilen fragwürdigen subjektiven Deutungsmuster.
- *Erhebung des tatsächlichen Ergebnisses:* Nun kann der Lehrer die zuvor festgelegten Merkmale einzelner Schüler sorgfältig beobachten und beschreiben. Die Erhebung kann durch einen Test, durch einen Frage- oder Diagnosebogen oder durch sorgfältige Beobachtung erfolgen, die an klaren Kriterien orientiert ist.
- *Vergleich zwischen persönlicher Prognose und dem Befund der Erhebung:* Der Pädagoge vergleicht seine persönliche Prognose mit dem tatsächlichen Befund, um herauszufinden, ob es eine Differenz gibt und wie hoch diese ist.
- *Analyse möglicher Diskrepanzen zwischen Prognose und Befund:* Sofern Unterschiede zwischen dem erwarteten und tatsächlichen Ergebnis festgestellt werden, sucht der Lehrer gemeinsam mit dem Schüler und gegebenenfalls mit den Eltern nach Gründen und überlegt sich, wie er eine Fehleinschätzung künftig vermeiden kann. Auch ein Austausch mit Kollegen, welche die betreffenden Schüler aus dem Unterricht kennen, kann wichtige Hinweise für eigene Urteilsfehler geben.
- *Festlegung der nächsten Schritte zur Verbesserung der Diagnosekompetenz:* Die Lehrkraft überlegt sich konkrete Schritte zur Weiterentwicklung seiner Diagnosekompetenz. Dafür wählt er ein Merkmal der Schüler, der Unterrichtsgestaltung oder der Aufgabenstellung aus, anhand dessen er seine diagnostischen Fähigkeiten auf den Prüfstand stellen und verbessern kann. Damit schließt sich der Kreis.

---

11 In Anlehnung an Helmke (2003), 99–100.

Impuls für die Unterrichtspraxis
Wenden Sie den Qualitätszyklus bei einem Ihrer Schüler/-innen an und werten Sie Ihre Erfahrungen aus.

2.5 Kriterien und Kompetenzbereiche

Bei der Diagnose sollten nicht nur die aktuellen Kenntnisse und Fähigkeiten der Schüler in Form einer ergebnisorientierten Diagnose, sondern auch das Arbeitsverhalten sowie die Interessen, Lernwege und bevorzugten Sozialformen im Sinne einer prozessorientierten Diagnose einbezogen werden.

Nur so kann es gelingen, neben der vertikalen und interindividuellen Heterogenität auch der horizontalen und intraindividuellen Heterogenität angemessen Rechnung zu tragen und eine Förderdiagnostik zu etablieren. Grundlage einer prozessorientierten Diagnose bilden dem erweiterten Lern- und Leistungsbegriff zufolge folgende Kriterien und Kompetenzbereiche (vgl. auch Kapitel 1.3):
- *Fachliche Kompetenzen:* fachspezifische Kenntnisse und Fähigkeiten
- *Methodische Kompetenzen:* Lern- und Arbeitstechniken, wie z. B. das Sammeln und Strukturieren von Informationen, selbstständige Erschließung von deutschen und/oder fremdsprachlichen Texten, Umgang mit Hilfsmitteln, Memorierungstechniken etc.
- *Personale Kompetenzen:* Anstrengungsbereitschaft, Selbstständigkeit, Kritikfähigkeit u. a.
- *Soziale Kompetenzen:* Fähigkeit zur Kommunikation und Kooperation usw.

2.6 Phasen und Instrumente

Vor allem bei Schülerinnen und Schülern mit erheblichen Lernschwierigkeiten sowie mit außergewöhnlichen Begabungen ist ein intensiver Diagnose- und Förderprozess angeraten, in den die Schüler und eventuell auch die Eltern einbezogen werden sollten.

Phasen eines Diagnose- und Förderprozesses
Der individuelle Diagnose- und Förderprozess verläuft in der Regel in vier Phasen:

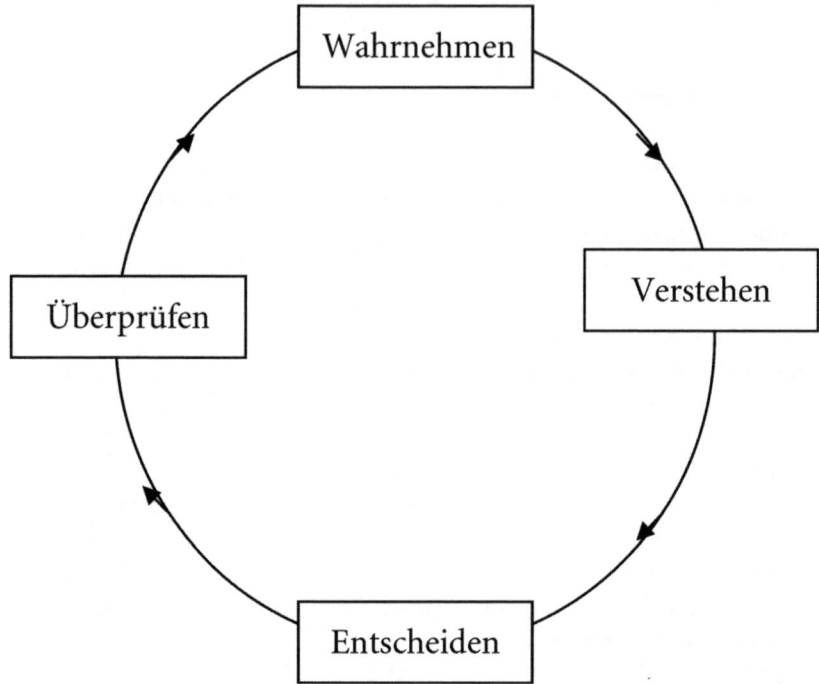

- *Wahrnehmen:* Lehrer, Schüler und eventuell Eltern nehmen durch Beobachtung und Gespräch die Stärken und Schwächen des Lernenden wahr. Als Grundlage können schriftliche Arbeiten, Hausaufgaben, Selbstbeobachtungen durch den Schüler, Fremdbeobachtungen durch den Lehrer und/oder die Eltern dienen.[12] Für die Lehrkraft eignen sich vor allem Phasen des offenen Unterrichts, um das Arbeits- und Lernverhalten einzelner Schüler zu beobachten.
- *Verstehen:* Die am Diagnoseprozess beteiligten Personen tauschen sich über ihre Beobachtungen aus und versuchen, sie zu deuten. Voraussetzung ist eine offene und vertrauensvolle Gesprächsatmosphäre sowie die Bereitschaft aller Beteiligten, sich der eigenen subjektiven Sichtweise stets bewusst zu sein und seine Deutungen gegebenenfalls zu ergänzen, zu relativieren oder zu korrigieren.
- *Entscheiden:* Die beteiligten Personen tauschen sich über mögliche Maßnahmen aus und setzen gemeinsam Ziele für den weiteren Lernprozess fest, die

---
12 Paradies/Linser/Greving (2007)

in einen Förderplan oder in eine Lernvereinbarung münden können.[13] Dabei ist darauf zu achten, dass der Schüler auch in dieser wichtigen Phase Hauptakteur seines Lernprozesses bleibt. Die anderen Personen haben lediglich eine beratende Funktion.
- *Überprüfen:* Beteiligte Lehrer, Schüler und eventuell Eltern geben sich in regelmäßigen Abständen gegenseitig eine Rückmeldung, inwieweit und weshalb die gesetzten Ziele erreicht bzw. nicht erreicht wurden, und treffen weitere Absprachen und Vereinbarungen.

Um die Ernsthaftigkeit des Diagnose- und Förderprozesses zu unterstreichen, sollten alle Phasen schriftlich dokumentiert werden.

Instrumente eines Diagnose- und Förderprozesses
Im schulischen Kontext können bereits etablierte Verfahren sowie neue Instrumente zum Einsatz kommen.

Impuls für die Unterrichtspraxis
Überlegen Sie sich, welcher Schüler bzw. welche Schülerin von Ihnen besondere Förderung braucht. Wählen Sie für diesen Schüler ein oder zwei der folgenden Diagnoseinstrumente aus und wenden Sie es gemeinsam mit dem Schüler orientiert an den Phasen des Diagnose- und Förderprozesses (s. o.) an. Halten Sie die positiven und negativen Erfahrungen stichwortartig fest und tauschen Sie sich darüber mit den am Diagnose- und Förderprozess beteiligten Personen aus. Entwickeln Sie das jeweilige Verfahren in Absprache mit allen Beteiligten weiter.

- *Beurteilung schriftlicher und mündlicher Schülerleistungen:* Sowohl die schriftlichen und mündlichen Lernerfolgskontrollen als auch die Beiträge der Schüler im bzw. für den Unterricht stellen eine wichtige Grundlage für die Diagnose dar (Kapitel 5).
- *Diagnosebögen für die individuelle Förderplanung:* Besonders hilfreich sind nach unserer Erfahrung prozessorientierte Diagnosebögen, bei denen der Schüler nicht nur seine Ergebnisse in den Blick nimmt, sondern auch sein Arbeitsverhalten, seine Lernwege, seine bevorzugten Sozialformen etc. reflektiert. Denn oft ist die Kenntnis, *wie* ein Schüler erfolgreich lernt bzw. nicht erfolgreich lernt, für die anschließende Förderung wichtiger, als die Frage, *was* er gelernt bzw. nicht gelernt hat.
Bei dem folgenden Diagnosebogen für Viert-, Fünft- oder Sechstklässler stehen Aspekte des Arbeitsverhaltens im Mittelpunkt, das eine wesentliche Grundlage für eine positive Entwicklung und Lernerfolg bildet. Der Schüler füllt den

---
13 Höhmann (2004)

Diagnosebogen in regelmäßigen Abständen aus und klebt ihn in sein Lerntagebuch ein, sodass die Eltern und der Klassenlehrer jederzeit über die aktuelle Situation und die Entwicklung des Kindes informiert sind. Im Gespräch können Eltern, Klassenlehrer und Kind die Selbst- und die Fremdwahrnehmung austauschen und gegebenenfalls die nächsten Schritte sowie Unterstützungsmaßnahmen vereinbaren.

Beispiel: Diagnosebogen für die individuelle Förderplanung

Fragebogen zum Arbeitsverhalten

Name/Klasse: .... Datum:..........

	Trifft (eher) nicht zu	Trifft meistens zu	Trifft immer zu
Wenn ich morgens in die Schule komme, freue ich mich auf den Unterricht.			
Ich arbeite im Unterricht gerne mit den anderen Kindern zusammen.			
Ich mache immer meine Hausaufgaben.			
Ich nehme meine Hefte und Bücher immer vollständig mit in die Schule.			
Ich kann mich im Unterricht konzentrieren und passe immer auf.			
Ich traue mich im Unterricht etwas zu sagen.			
Wenn ich etwas nicht verstehe, traue ich mich im Unterricht nachzufragen.			

Was möchtest du gerne noch besser machen?

....
....

Stell' dir vor, du hättest einen Wunsch für deine Zeit in der Schule und im Unterricht frei. Was würdest du dir für die nächste Zeit wünschen?

....
....
....

- *Individuelle Lernvereinbarungen:* Bei einer individuellen Lernvereinbarung sollten verschiedene Aspekte beachtet werden: Zum einen sollten nur wenige, möglichst kleine (bewältigbare!) und konkrete Schritte vereinbart werden. Sodann ist es wichtig, dem betreffenden Schüler – sofern nötig – Unterstützung und Begleitung anzubieten bzw. zu vermitteln, z. B. durch seinen Lehrer, seine Mitschüler, seine Eltern etc. Schließlich sollten alle Beteiligten festlegen, woran man erkennt und wie man überprüft, ob die gesetzten Ziele erreicht wurden. Darüber hinaus überlegen sich alle »Vertragspartner« der Lernvereinbarung, bis wann die vereinbarten Ziele erreicht sein sollen. Motivationsfördernd für den weiteren Lernweg kann eine Belohnung sein, sofern das gesetzte Ziel erreicht wird.

Beispiel: Individuelle Lernvereinbarung in Klasse 6

Lernvereinbarung

zwischen .... und ....

Meine nächsten Ziele

....

Meine ersten Schritte

....

Meine »Wegbegleiter« und »Trainer«

....

Meine nächsten »Meilensteine«

....

Meine Belohnung

....

Ort, Datum ....

Unterschriften

....
....

Für die Begleitung von Schülerinnen und Schülern mit Lernschwierigkeiten empfiehlt es sich, ein Tutorensystem mit Lernpatenschaften zu etablieren, bei dem Lehrkräfte, Schüler oder andere geeignete Personen gezielt Beratung und Unterstützung anbieten können, wie z. B.:[14]
- pensionierte Lehrkräfte,
- ehemalige Schüler/-innen (z. B. Abiturienten),
- ältere Schüler/-innen als Lernbegleiter und/oder Paten,
- leistungsstärkere Mitschüler/-innen,
- ältere Geschwister oder andere Familienmitglieder,
- Nachhilfelehrer von Nachhilfeinstituten,
- Sozial- und/oder Erlebnispädagogen,
- Lehramtsstudierende,
- Referendare usw.

Abschließend sei ausdrücklich betont, dass lang anhaltende, sehr schwierige und komplexe Frage- und Problemstellungen in jedem Falle von einem Beratungslehrer, Arzt und/oder Psychologen abgeklärt werden sollten.[15]

Lang anhaltende Lernprobleme können verschiedene Ursachen haben:
- Schwierigkeiten mit den Sinnesorganen (z. B. Hör- oder Sehschwierigkeiten)
- Funktionale Störungen im Körperbereich, (z. B. frühkindliche Hirnschädigungen)
- Psychisch bedingte Beeinträchtigungen (z. B. Depression, Angstzustände)
- Schwierigkeiten bei der sozialen Integration (z. B. Autismus, Mutismus)
- Komplexe Lernschwächen (z. B. Lese-Rechtschreibschwäche, Rechenschwäche)
- Schwierigkeiten mit der Konzentration (z. B. Aufmerksamkeitsdefizit-/Hyperaktivitätsstörungen) etc.

Erst nach einer sorgfältigen Diagnose können entsprechende therapeutische Maßnahmen eingeleitet werden.

Literatur

- *Kliemann (2008)*: Breit gefächerter Überblick mit praxisorientierten Diagnose- und Fördermöglichkeiten für die Sekundarstufe I.
- *Paradies/Linser/Greving (2007)*: Praktische Verfahren und Instrumente zur individuellen Diagnose und Förderung mit zahlreichen Kopiervorlagen
- *Emmer/Hofmann/Matthes (2000)*: Trainingsprogramme für Schüler der 3. bis 6. Klasse mit Lernschwierigkeiten zur Steigerung der Motivation und der Lernfähigkeit

---

14 Klippert (2010); Wellenreuther (2009)
15 Lauth/Grünke/Brunstein (2004)

3. Innere Differenzierung

Dieses Kapitel zeigt, wie es in einer heterogenen Lerngruppe mithilfe der inneren Differenzierung gelingen kann, den unterschiedlichen Fähigkeiten und Bedürfnissen der Kinder und Jugendlichen gerecht zu werden. Anhand verschiedener Beispiele aus der Unterrichtspraxis werden Anregungen zur Differenzierung nach Unterrichtsmaterialien, Unterrichtsformen und Sozialformen gegeben. Das Kapitel schließt mit Überlegungen zur Differenzierung in jahrgangsgemischten Lerngruppen in der Grundschule.

Vorab sei ausdrücklich betont, dass die innere Differenzierung eine wichtige, aber dennoch nicht die einzige Möglichkeit sinnvollen Unterrichtens darstellt. Die traditionellen Unterrichtsformen haben nach wie vor ihren berechtigten Stellenwert. Die folgenden Überlegungen und Anregungen sollen also nicht einem Methodenmonismus das Wort reden, sondern als Plädoyer für eine möglichst große Methodenvielfalt verstanden werden. Im Übrigen ist es in der Regel auch und gerade bei differenzierten Unterrichtsphasen sinnvoll, sie mit einer Phase im Klassenunterricht einzuleiten bzw. abzuschließen, um zu Beginn einer Unterrichtseinheit die entsprechenden Grundlagen zu legen und am Schluss die wichtigsten Ergebnisse vorstellen, würdigen und gegebenenfalls zusammenführen zu lassen.

Damit die Differenzierung und Individualisierung nicht in völlige Aufsplitterung und Vereinzelung von Lernprozessen münden, sind das soziale Lernen in Partner-, Gruppenarbeit und im Klassenverband sowie der Austausch mit den Mitschülern und dem Lehrer als Ergänzung erforderlich.

3.1 Unterrichtsmaterialien

In der pädagogischen Praxis können bei der Erstellung differenzierter Unterrichtsmaterialien drei Problembereiche auftreten, die vorab bedacht werden sollten:
- Die Gestaltung differenzierter Aufgabenangebote ist in der Regel mit einem nicht unerheblichen Mehraufwand verbunden. Daher sei vor allem Lehrkräften, die mit dieser Unterrichtsform noch nicht so vertraut sind, empfohlen, von differenzierten Unterrichtsphasen anfangs dosiert (5 bis max. 20 % der Unterrichtszeit) Gebrauch zu machen und die Kooperation mit Kollegen zu suchen (Kapitel 6). Demgegenüber steht nach den Erfahrungen der Autorin freilich die Belohnung durch einen äußerst entspannten und anregenden Unterricht.

- Der berechtigten und bisweilen sehr kontrovers diskutierten Frage, ob und wie eine differenzierte Aufgabenstellung auch in die Leistungsbeurteilung einfließen kann, ist in diesem Buch ein eigenes Kapitel gewidmet (Kapitel 5).
- Bei einem differenzierten Aufgabenangebot stellt sich die grundlegende Frage, wie die Zuordnung der Schüler erfolgt. Es bieten sich verschiedene Möglichkeiten an: Auswahl der Materialien und Aufgaben durch die Schüler selbst oder den Lehrer, Diagnosetest mit anschließender Auswertung durch die Schüler oder den Lehrer und darauf aufbauendem Aufgabenangebot etc.

Impuls zum Nachdenken
Überlegen Sie sich, auf welche Weise Sie die Zuordnung der Materialien und/oder Aufgaben zu den Schülern gestalten wollen. Tauschen Sie sich mit einem Kollegen über die Vor- und Nachteile der verschiedenen Möglichkeiten aus.

> **Beispiel: Die passende Aufgabe finden**
>
> Am Friedrich-Schiller-Gymnasium in Marbach wählen die Schüler die Aufgaben selbst aus und schätzen ihre Bedürfnisse und Fähigkeiten in der Regel sehr realistisch ein. Dadurch soll eine Etikettierung bzw. Stigmatisierung durch die Lehrkraft sowie eine einseitige Fixierung nach dem Motto »Einmal schwach, immer schwach« vermieden und die Eigenverantwortlichkeit und Flexibilität der Schüler gestärkt werden. Hat ein Schüler sich über- oder unterschätzt, kann er bereits nach kurzer Zeit eine entsprechende Korrektur vornehmen, indem er die passende Aufgabe wählt. Steht die Selbsteinschätzung eines Schülers in deutlichem Widerspruch zur Fremdwahrnehmung durch den Lehrer, kann und sollte die Lehrkraft die Gelegenheit zu einem Gespräch mit dem Schüler ergreifen. So können gegebenenfalls notwendige Korrekturen vorgenommen und die Folgen möglicher Fehleinschätzung minimiert werden.

Im Folgenden sollen exemplarisch nur einige Möglichkeiten der Differenzierung nach Unterrichtsmaterialien skizziert werden, die miteinander kombiniert werden können.

Differenzierung nach Umfang des Lernstoffes
Einige Schüler sind schneller als andere. Korreliert ihr Arbeitstempo nicht mit überdurchschnittlichen kognitiven Fähigkeiten, wollen sie in der Regel nicht anspruchsvollere, sondern mehr Aufgaben. Andernfalls langweilen sie sich, was nicht selten mit Unruhe und Störungen einhergeht. Um sie nicht für ihre Schnelligkeit zu bestrafen, kann man ihnen motivierende Zusatzaufgaben mit spielerischem Charakter anbieten, wie z. B. Rätsel, Lernspiele, Knobelaufgaben,

interessante Zusatztexte, oder sie die entsprechenden Materialien selbst herstellen bzw. suchen lassen.

Impuls für die Unterrichtspraxis
Bereiten Sie für eine Unterrichtsstunde Ihrer Wahl eine Übungsphase vor, bei der Sie den Schülern nach Lernumfang differenzierte Aufgaben zur Verfügung stellen. Dafür können Sie auch die Übungsaufgaben Ihres Schulbuches heranziehen und entsprechend kennzeichnen: Aufgaben, die alle Schüler bearbeiten sollen, sind verbindlich (Fundamentum), Aufgaben, die darüber hinaus bearbeitet werden können, sind fakultativ (Additum).

Differenzierung nach Anforderungsniveau
Um den unterschiedlichen Fähigkeiten der Kinder und Jugendlichen gerecht zu werden und sie sukzessive vom geringeren zum besseren Können zu befähigen, empfiehlt es sich, im Unterricht wie bei der Leistungsbeurteilung verschiedene Niveau- bzw. Kompetenzstufen zu berücksichtigen.

Gerhard Ziener unterscheidet drei Kompetenzstufen:[1]
- Kompetenzstufe A – der Mindeststandard – entspricht ausreichenden Fähigkeiten. Frage: Was sollten alle Kinder wissen und können?
- Kompetenzstufe B – der Regelstandard – entspricht dem mittleren Anforderungsniveau. Frage: Was sollten die Schüler in der Regel wissen und können?
- Kompetenzstufe C – der Expertenstandard – entspricht dem höchsten Anforderungsniveau. Frage: Was ist das Optimum, das die Schüler erreichen können?

Eine Differenzierung nach Leistungs- und Anforderungsniveau kann durch unterschiedlich anspruchsvolle Aufgabenstellungen oder gestaffelte Unterstützungsangebote erfolgen.

Wichtig ist in diesem Zusammenhang die Frage, ob die nach Anforderungsniveau differenzierten Unterrichtsphasen in die Leistungsbeurteilung einfließen sollen. Nach der Erfahrung der Autorin hat es sich bewährt, diese differenzierten Phasen bewusst als beurteilungs- und notenfreie Unterrichtszeiten zu deklarieren, um aufseiten der Schüler Ängste abzubauen und einen erfolgreichen Lernprozess einzuleiten.[2]
Sollen die Schüler z. B. auf der Grundlage des Unterrichtswerks die wichtigsten Daten einer historischen Persönlichkeit festhalten, können verschiedene Aufgaben mit unterschiedlichem Anforderungsniveau gestellt werden.

---
1 Ziener (2008)
2 Jürgens/Sacher (2008), 50–51.

> **Beispiel: Caesar in drei Anforderungsstufen**
>
> Bei der einfachen Aufgabenstellung erhalten die Schüler detaillierte Hinweise, zu welchen Aspekten sie die wichtigsten Stichworte festhalten sollen. Bei der Aufgabe auf mittlerem Anforderungsniveau sollen die Schüler die wichtigsten biografischen Stationen beschreiben, ohne dass sie nähere Hinweise seitens der Lehrkraft erhalten.
> Die Aufgabenstellung auf hohem Anforderungsniveau bietet besonders interessierten und begabten Schülern die Möglichkeit, die Biografie Caesars in einen größeren Zusammenhang zu stellen, indem sie z. B. weitere wichtige Personen in Caesars Umfeld (z. B. Pompeius, Augustus), den historisch-politischen Kontext (Krise und Untergang der römischen Republik) oder andere Disziplinen einbeziehen (z. B. die Numismatik).

Ergänzend oder alternativ zur leistungsdifferenzierten Aufgabenstellung kann ein differenziertes Materialienangebot zum Einsatz kommen:
- So kann man für Schüler, die noch nicht so gut mit dem Thema und der Fachterminologie vertraut sind, weitere Unterstützungsangebote zur Verfügung stellen, wie z. B. ein Lexikon oder ein Glossar, oder den Schulbuchtext mit entsprechenden Hilfestellungen versehen, wie z. B. Zwischenüberschriften, Gliederungshinweise, Strukturskizzen etc.
- Für die leistungsstarken oder sehr motivierten Schüler bieten sich anspruchsvolle Originalquellen an, die sie anstelle oder zusätzlich zum Schulbuchtext bearbeiten können.

Zu einigen Themenbereichen der Mathematik wie Termumformungen oder Gleichungen geben die Schulbücher scheinbar endlos viele Übungsaufgaben an. Mit der Aufgabenspirale auf der folgenden Seite kann eine sinnvolle Differenzierung ermöglicht werden.[3]

---

3 Hennen (2008), 125–127.

Unterrichtsmaterialien

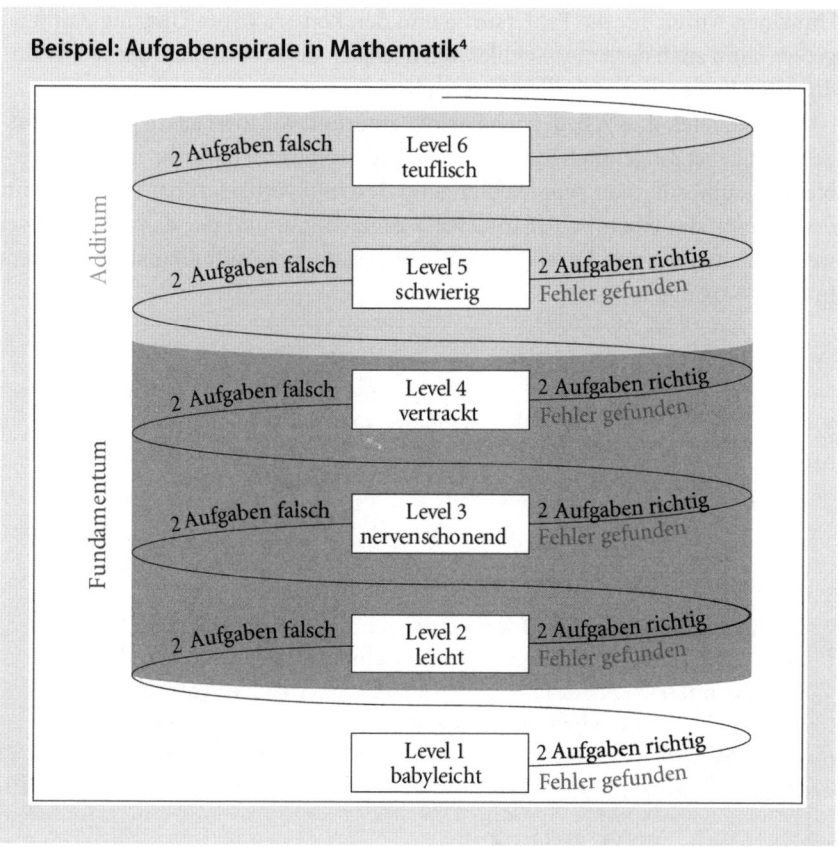

Zur Vorbereitung wählt die Lehrkraft verschiedene Aufgaben aus, die er den oben genannten Schwierigkeitsgraden zuordnet. Alle Schüler sollen zunächst zwei Aufgaben von Level 2 der Spirale aussuchen und bearbeiten. Ihre Lösungen können sie anhand von zentral im Klassenzimmer ausgelegten Lösungsblättern kontrollieren. Das weitere Verfahren orientiert sich an den individuellen Fähigkeiten der Schüler:
- Bei einem Fehler verbleibt der Schüler in Level 2 und muss zwei weitere Aufgaben bearbeiten.
- Falls beide Aufgaben falsch sind, wird der Schüler zurückgestuft und muss zwei Aufgaben aus Level 1 bearbeiten.
- Hat der Schüler dagegen beide Aufgaben von Level 2 richtig gelöst, darf er zwei Aufgaben aus Level 3 bearbeiten.
- Anschließend erfolgt jeweils eine Kontrolle über das Lösungsblatt.

---
4 Vgl. Hennen (2008), 126.

Um einen Anreiz für die Fehlersuche und den konstruktiven Umgang damit zu geben, kann auch derjenige Schüler den nächsten Level erreichen, der selbstständig seine Fehler finden und verbessern kann.

Das bedeutet, dass z. B. der Schüler, der aufgrund von zwei falsch gelösten Aufgaben in Level 2 eigentlich in Level 1 zurückgestuft werden würde, in Level 2 verbleiben kann, sofern er seine Fehler gefunden und verbessert hat. Ebenso kann der Schüler, der einen Fehler in Level 3 gemacht hat und der demzufolge zwei weitere Aufgaben von Level 3 bewältigen müsste, bei Auffinden seines Fehlers in Level 4 springen.

Impuls für die Unterrichtspraxis
Für viele Fächer gibt es Lehrbücher, Arbeits- oder Übungshefte mit zahlreichen Aufgaben. Teilen Sie die Aufgaben in drei Niveaustufen ein (A, B, C) und gestalten Sie die nächste Übungsphase nach dem Modell der Aufgabenspirale. Tauschen Sie sich mit den Schülern über die Erfahrungen aus.

Beispiel: Bildergeschichte in Englisch

In einer Einführungsphase lernen die Schüler die wesentlichen Elemente einer Bildergeschichte kennen. Im Anschluss erhalten sie eine Bildergeschichte mit nach Anforderungsniveau differenzierten Aufgaben, die unterschiedliche sprachliche Kompetenzen voraussetzen und einüben. Von diesen Aufgaben sollen sich die Schüler eine aussuchen und bearbeiten (A: einfaches Niveau, B: mittleres Niveau, C: hohes Niveau).

Quelle: Norman Thelwell (1964): Picture story. Top Dog. Magnum Books, S. 117–119.

> **Look at the pictures and choose one of the following exercices (A or B or C):**
> - A: Describe the pictures in simple sentences.
> - B: Describe the pictures in simple sentences and use connectives (for example but, because) or/and adjectives (for example angry, crazy).
> - C: Write a short dialogue, story or poem.

Das folgende Beispiel ist dem Lateinunterricht entnommen, kann jedoch auf jeden anderen Fremdsprachenunterricht übertragen werden.

Die Übersetzung fremdsprachlicher Texte ins Deutsche stellt an viele Schüler erfahrungsgemäß hohe, an einige auch zu hohe Anforderungen. Dieser Umstand führt nicht selten dazu, dass sprachbegabte Schüler sich beim Lernen im Gleichschritt über weite Phasen des Unterrichts langweilen und zurückziehen, da sie sich zunehmend unterfordert fühlen.

Demgegenüber sind die leistungsschwächeren Schüler oft selbst bei gutem Willen nicht in der Lage, diese hohen Anforderungen ohne Hilfestellungen zu meistern. Mit einem differenzierten Übersetzungstraining gelingt es, alle Schülerinnen und Schüler gleichermaßen zu fördern und herauszufordern: Schüler mit sprachlichen Lücken können auf mehr Hilfen zur Strukturierung und zur Bewältigung der Übersetzung zurückgreifen als leistungsstarke Schüler, bei denen die Anforderungen und damit auch die Motivation ohne nennenswerten Zeitaufwand gesteigert werden können.

Die unterschiedlichen Niveaustufen sind mit unterschiedlichen Farben gekennzeichnet. Diese *offene Differenzierung* bietet folgende Vorteile:
- Die Lehrkraft hat im Blick, welcher Schüler mit welcher Aufgabe arbeitet und kann mit einzelnen Schülern gegebenenfalls ein Gespräch führen, um eine entsprechende Weichenstellung einzuleiten.
- Die Schüler können in der Übungsphase auf den ersten Blick erkennen, welche Mitschüler sie um Unterstützung bitten oder welchen sie Unterstützung anbieten können.

Je nach Atmosphäre in der Klasse kann man selbstverständlich auch eine *verdeckte Differenzierung* praktizieren, indem alle Schüler die gleichen Kopien erhalten, auf denen alle Niveaus aufgeführt werden.

Beispiel: Differenziertes Übersetzungstraining im Lateinunterricht

Hinweise

Ihr sollt die folgende lateinische Fabel von Phaedrus schriftlich ins Deutsche übertragen. Da ihr unterschiedliche Voraussetzungen mitbringt, könnt ihr die Fabeln jeweils auf unterschiedlichen Niveaustufen übersetzen.

- Niveau A: Ist die Übersetzung für dich normalerweise ein Buch mit sieben Siegeln? Dann probiere es doch einfach mal mit den roten Kopien.
- Niveau B: Tust du dich noch etwas schwer, die Satzstrukturen zu durchschauen, oder hast du ein paar Vokabellücken? Dann sind die gelben Kopien vermutlich genau richtig für dich.
  Wenn du lediglich Hilfen bei der Syntax brauchst, aber gute Vokabelkenntnisse hast oder gut mit dem Lexikon arbeitest, kannst du die rechte Spalte mit den Vokabelhilfen umknicken.
- Niveau C: Du bist schon sehr fit in der Übersetzung und brauchst keine Hilfestellungen. Du kannst dich an den hellblauen Kopien bedienen.
- Niveau C*: Bist du sprachlich superfit und brauchst eine besonders harte Nuss zum Knacken? Dann versuch es doch einfach mal mit den grünen Kopien.

Was tun, wenn du merkst, dass du dich unter- oder überschätzt hast? Kein Problem! Steig einfach noch mal eine Stufe höher oder niedriger ein!

A (rote Kopien): Textbearbeitung, deutscher Lückentext und Vokabelhilfen

Lateinischer Text	Vokabelhilfen
Quicumque dignitatem pristinam amisit, *Jeder, der ... verloren hat,*	**Quicumque:** wer auch immer; jeder, der **dignitas,** atis f.: Würde; **pristinus,** a, um: früher
ignavis etiam iocus est in casu gravi. *ist den Feigen ... in seinem ... Unglück.*	**ignavus,** a, um: feige; niedrig; **iocus,** i m.: Spott; **casus,** us, m.: (Unglücks-)Fall
Cum leo defectus annis et desertus viribus *Als ein altersschwacher und kraftloser ...*	**defectus,** a, um: schwach; geschwächt **desertus,** a, um: verlassen
iaceret spiritum extremum trahens, *dalag und ... machte,*	**spiritus,** us m.: Atem(zug)
aper fulmineis dentibus ad eum venit *kam ein ... zu ihm*	**aper,** apri m.: Eber; **fulmineus,** a, um: blitzend
et vindicavit ictu veterem iniuriam. *und ... mit dem Stoß (seiner Zähne)* ...	**vindicare:** rächen; **ictus,** us m.: Stoß ...

B (gelbe Kopien): Textbearbeitung und Vokabelhilfen

Lateinischer Text	Vokabelhilfen
Quicumque amisit dignitatem *pristinam,*	**quicumque:** wer auch immer; jeder, der **pristinus,** a, um: früher
ignavis etiam *iocus* est in *casu* gravi.	**ignavus,** a, um: feige; niedrig; **iocus,** i m.: Spott; **casus,** us m.: (Unglücks-)Fall
Cum leo *defectus* annis et *desertus* viribus	**defectus,** a, um: schwach, geschwächt **desertus,** a, um: verlassen
iaceret *spiritum* extremum trahens,	**spiritus,** us m.: Atem(zug)
aper fulmineis ad eum venit dentibus	**aper,** apri m.: Eber; **fulmineus,** a, um: blitzend
et *vindicavit ictu* veterem iniuriam. ...	**vindicare:** rächen; **ictus,** us m.: Stoß ...

C (hellblaue Kopien): Lateinischer Originaltext und Vokabelhilfen

Lateinischer Text	Vokabelhilfen
Quicumque amisit dignitatem pristinam,	
ignavis etiam iocus est in casu gravi.	**ignavus,** a, um: feige; niedrig
Defectus annis et *desertus* viribus	**defectus,** a, um: schwach, geschwächt **desertus,** a, um: verlassen
leo cum iaceret spiritum extremum trahens,	
aper fulmineis ad eum venit dentibus	**aper,** apri m.: Eber; **fulmineus,** a, um: blitzend
et *vindicavit* ictu veterem iniuriam. ...	**vindicare:** rächen ...

C* (grüne Kopien): Buchstabenkette

CUMQUEAMISITDIGNITATEMPRISTINAMIGNAVISETIAMIOCU-
SESTINCASUGRAVIDEFECTUSANNISETDESERTUSVIRIBUSLEOCU-
MIACERETSPIRITUMEXTREMUMTRAHENSAPERFULMINEISADE-
UMVENITDENTIBUSETVINDICAVITICTUVETEREMINIURIAM ...

Differenzierung nach Inhalten und Interessen

Bisweilen können Lernziele – insbesondere vorher im Plenum eingeführte Arbeitstechniken und Methoden – an verschiedenen Inhalten eingeübt und vertieft werden. Dabei kann man Schüler individuell wählen lassen, an welchem Gegenstand oder Inhalt sie die gestellte Aufgabe erarbeiten wollen. Diese Form der Differenzierung erhöht die Motivation und sorgt bei der anschließenden Präsentation für entsprechende Vielfalt.

> **Beispiel: Auswahl nach Interessen ermöglichen**
>
> Soll im Kunstunterricht z. B. eine Bildanalyse eingeübt werden, kann man den Schülern mehrere Kunstwerke zur Auswahl zur Verfügung stellen.
> Im Fach Französisch könnte man den Schülern bei der Erarbeitung eines Themas aus der Landeskunde, z. B. »Die Provence«, verschiedene Themenbereiche anbieten, aus denen sie eine Auswahl treffen können, wie z. B. »Landschaft«, »Geschichte«, »Große Persönlichkeiten« oder Ähnliches.

Im Rahmen der Präsentationsphase vor dem Plenum können die Schüler durch die unterschiedlichen Schwerpunktsetzungen ihr eigenes Thema in einen größeren Kontext stellen und sukzessive eine immer größere Perspektivenvielfalt gewinnen.

Impuls für die Unterrichtspraxis

Gestalten Sie für eine Unterrichtseinheit Ihrer Wahl Aufgaben, bei denen Sie eine Differenzierung nach Inhalten und Interessen vornehmen.
Beobachten Sie, wie die Schüler mit diesem Angebot umgehen, und machen Sie sich stichwortartig Notizen.
Tauschen Sie sich mit den Schülern über die Erfahrungen aus.

Differenzierung nach Lernwegen und Zugangsweisen

Es würde den Rahmen dieses Kapitels sprengen, die zahlreichen Lernwege, auf denen Wissen erworben werden kann, im Einzelnen vorzustellen, zumal in der Fachliteratur unterschiedliche Schwerpunkte gesetzt und verschiedene Einteilungen vorgenommen werden.

Die Einteilung nach Lerntypen zur Beschreibung vermeintlich interindividueller Unterschiede ist allerdings aus vielerlei Gründen fragwürdig und in der Praxis wenig hilfreich.[5]

---

5 Stern (2004)

Die Aufgabe der Lehrkraft besteht darin, Schülern verschiedene Lernwege und Problemlösestrategien zu vermitteln und sie zu kompetenten Lernern zu machen, die in Korrelation zum Thema und ihren individuellen Fähigkeiten die ihnen angemessene Strategie auswählen und zielgerichtet einsetzen können.

Beispiel: Viele Lernwege können zum Erfolg führen

Im Folgenden seien die wichtigsten Lernwege genannt – verbunden mit unterrichtspraktischen Hinweisen:
- Auditiver Lernweg: Lehrervortrag, CD etc.
- Haptischer Lernweg: Legen einer geometrischen Figur, Textpuzzle o. Ä.
- Visueller Lernweg: Lernen mithilfe von Abbildungen etc.
- Handlungsorientierter Lernweg: Gestaltung einer kleinen Spielszene u. a.
- Kognitiv-analytischer Lernweg: Gestaltung einer Mindmap o. Ä.
- Kommunikativ-kooperativer Lernweg: Austausch mit einem Mitschüler über ein gestelltes Thema oder gegenseitiges Abfragen von Vokabeln usw.

Im Fremdsprachenunterricht bieten einige Lehrbücher inzwischen verschiedene Texte in geschriebener und gesprochener Form an (z. B. als CD). Dies kommt vor allem Schülern mit einer Leseschwäche sehr entgegen, da sie auf diese Weise trotz ihres Handicaps auch anspruchsvolle Inhalte in angemessener Zeit erschließen und durchdringen können, die ihnen sonst oft verschlossen bleiben dürften. In den skandinavischen Ländern gibt es auch in anderen Fächern entsprechendes Unterrichtsmaterial: Geschichtsbücher, die eine hohe Lesekompetenz voraussetzen, werden meist auch als Varianten mit großer Schrift oder als Hörbuch zur Verfügung gestellt.

Bisweilen bietet sich für den Einstieg in eine Unterrichtseinheit eine Differenzierung nach Lernwegen und Zugangsweisen an.

So kann man z. B. im Religions- oder Ethikunterricht bei der Unterrichtseinheit Gottesglaube den Schülern drei Aufgaben zur Auswahl stellen, von denen sie eine bearbeiten sollen:
- Schreiben Sie einen kurzen Essay, wie sie sich Gott bzw. das Göttliche vorstellen.
- Formulieren Sie Fragen an Gott bzw. zum Thema Gottesglaube.
- Fertigen Sie eine Skizze an, in der Ihre Vorstellungen zum Thema Gottesglaube zum Ausdruck kommen.

Die folgenden Beispiele aus der Unterrichtspraxis (Kl. 10) zeigen, dass man mit diesem differenzierten Zugang sehr viele Schüler ansprechen und erreichen kann. Zugleich erfährt man als Lehrkraft, welche Vorstellungen und Fragen die

Schüler bei dieser Themeneinheit haben, sodass man im Laufe der Unterrichtseinheit darauf eingehen kann.

> **Beispiel: Eine Schülerin schreibt über ihre Vorstellungen von Gott**
>
> Gott lebt in einem großen Schloss im Himmel, von dem aus er die ganze Welt betrachten kann. Er hat einen langen Bart, meist weiße Klamotten und einen weißen Mantel. Dazu trägt er Sandalen. Gott geht niemals schlafen, denn er passt immer auf die Menschen auf, die auf der Erde sind. Manchmal können diese nicht verstehen, warum es Gott geben soll. Gott selbst weiß alles über die Menschen, er lenkt deren Leben. Gott sendet viele Engel aus, um den Menschen auf der Erde zu helfen, und er lässt Mitmenschen von Menschen, denen es schlecht geht, zu Engeln werden.

> **Beispiel: Ein Schüler formuliert seine Fragen an Gott**
>
> – Wie siehst du aus, Gott?
> – Wo bist du, wenn es Krieg, Leid und Tod gibt?
> – Hast du wirklich Macht über alles?
> – Gibt es ein Leben nach dem Tod?
> – Entscheidest du, dass manche Menschen schon so früh sterben müssen?
> – Kannst du alles, die ganze Welt sehen?
> – Bist du manchmal »Schutzengel«?

> **Beispiel: Eine Schülerin setzt ihre Vorstellungen von Gott ins Bild**
>
>

Ähnlich kann man nach Abschluss einer Unterrichtseinheit verfahren, indem die Schüler das Erarbeitete und Gelernte auf unterschiedliche Art und Weise zusammenfassen können.

Impuls für die Unterrichtspraxis
Eröffnen Sie in einer Klasse Ihrer Wahl den Schülern nach Abschluss einer Unterrichtseinheit die Möglichkeit, das Gelernte auf unterschiedliche Weise zusammenzufassen und den Mitschülern zu präsentieren (z. B. Spielszene, Skizze/Mindmap auf der Folie, Experteninterview, Quiz, Schülervortrag).

3.2 Unterrichtsformen

Da eine Interdependenz zwischen Unterrichtsmaterial und Unterrichtsform besteht, soll nun der Frage nachgegangen werden, welche Unterrichtsformen sich für den Einsatz differenzierter Materialien besonders eignen.

Grundsätzlich gilt, dass schülerorientierte bzw. offene Arbeitsformen sich eher zur Differenzierung und Individualisierung im Unterricht anbieten als ein vom Lehrer gelenkter Unterricht.

Im Folgenden werden lediglich ausgewählte offene Unterrichtsformen skizziert, die nach Ansicht der Autorin besonders gut für die individuelle und differenzierte Förderung der Schüler geeignet sind.

Weitere zur Differenzierung geeignete Unterrichtsformen werden in der am Ende des Kapitels genannten Literatur beschrieben.

Impuls für die Unterrichtspraxis
Wählen Sie aus den folgenden Unterrichtsformen ein bis zwei aus und bereiten Sie – am besten mit einem oder zwei Kollegen – für eine Klasse Ihrer Wahl eine entsprechende Unterrichtseinheit vor. Tauschen Sie sich mit den Schülern und gegebenenfalls Kollegen über die Erfahrungen aus.

Lernen an Stationen

Beim Lernen an Stationen arbeiten alle Schüler in Einzel-, Partner- oder Kleingruppenarbeit gleichzeitig an verschiedenen Stationen, an denen didaktisch aufbereitetes Arbeitsmaterial oder differenziertes Übungsmaterial zu Teilthemen *eines Gesamtthemas* zur Verfügung gestellt wird.

Die Materialien sollten so gestaltet sein, dass die Schüler keine weitere Anleitung und Unterstützung durch die Lehrperson benötigen. Handelt es sich um Übungsmaterial, erhalten die Schüler die Möglichkeit zur Eigenkontrolle der Ergebnisse,

z. B. durch eine unmittelbare Rückmeldung zu den eigenen Lösungsversuchen (durch Schiebetafel, Klammerkarten, Flatterzettel u. a.) oder durch ein Lösungsblatt, das nach Erledigung der Aufgaben eingesehen werden kann. Selbstverständlich kann der Lehrer auch von den Schülern Stichproben einsammeln, durchsehen und mit Kommentaren und Hinweisen versehen.

Verlaufsschema
- Einführung in die Arbeit an Stationen durch den Lehrer
- Eventuell Aufbau der Stationen durch Lehrer und Schüler (dies kann auch vor Beginn der Stunde erfolgen)
- Zuordnung der Personen bzw. Kleingruppen zu den Stationen
- Arbeiten an den Stationen
- Wechsel der Stationen. In Anbetracht der unterschiedlichen Fähigkeiten der Schüler empfiehlt es sich, einen Wechsel der Stationen am Bedarf der einzelnen Schüler bzw. Kleingruppen zu orientieren. Daher sollte jeder Schüler bzw. jede Kleingruppe selbst entscheiden können, wie lange er bzw. sie an einer Station arbeiten will. Um Wartezeiten zu vermeiden, sollten genügend Stationen vorhanden sein. Gegebenenfalls kann man für jede Station den zwei- oder gar dreifachen Materialiensatz zur Verfügung stellen.

Hinweise zur Durchführung
Zugunsten der Differenzierung und Individualisierung sollte das Arbeiten an Stationen so aufgebaut sein, dass nicht alle Stationen bearbeitet werden müssen, sondern Pflicht- und Wahlstationen vorgesehen sind. Des Weiteren ist es ratsam, von einer Festlegung der Reihenfolge (Lernstraße) sowie des Zeitumfangs für die einzelnen Stationen (Zirkeltraining) Abstand zu nehmen, da bei derlei Vorgehen ein Lernen im Gleichschritt suggeriert würde.

Freiarbeit (FA)

Bei der Freiarbeit (FA) können sich die Schüler für einen begrenzten Zeitraum »in eigener Regie« mit Lernaufgaben und Materialien zu *verschiedenen Themen* beschäftigen.
Sie sind frei in der Wahl der Sozialform, des Materials und des Lerntempos und erhalten über Lösungsblätter o. Ä. die Möglichkeit zur Selbstkontrolle.

Um der Heterogenität einer Lerngruppe Rechnung zu tragen, sollten die vom Lehrer zur Verfügung gestellten Materialien möglichst differenziert gestaltet sein, z. B. nach Inhalten, Schwierigkeitsgrad und Abstraktionsgrad sowie nach Arbeitsbereichen wie Wortschatz, Grammatik, Syntax usw.

Verlaufsschema
- Einführung in das Material und seine Handhabung
- Eigenverantwortliche Arbeitsphase der Schüler: Es empfiehlt sich, die Schüler während dieser Phase in Form eines sogenannten Laufzettels festhalten zu lassen, welches Thema sie jeweils bearbeitet haben:

Name/Thema	1	2	3	4	5
Sabine	/		X		
Nils			/		X
Kirsten		X			/
Kevin	X	/			

- Sobald sich ein Schüler einem Themengebiet der FA zuwendet, trägt er seinen Arbeitsbeginn mit einem Schrägstrich ein (/). Wenn er fertig ist, überkreuzt er diesen mit einem zweiten Schrägstrich (X).
- Der Laufzettel bleibt für alle zugänglich auf dem Lehrerpult liegen oder wird an die Tafel gehängt, um dem Lehrer wie den Schülern einen Überblick über den jeweiligen Stand der erfüllten Aufgaben zu vermitteln. Zudem können die Schüler bei schwierigen Aufgaben durch einen Blick auf den Laufzettel in Erfahrung bringen, welche Mitschüler diese Aufgabe schon erledigt haben, sodass sie diese um Rat fragen können.
- In der Abschlussphase stellen die Schülerinnen und Schüler fest, ob ihre Arbeit erfolgreich war, und können den Mitschülern und dem Lehrer ihre Ergebnisse, z. B. in Form einer Präsentationsmappe, eines Referats oder Projektes vorstellen.

Hinweise zur Durchführung
Es gibt im Wesentlichen drei Organisationsformen der FA:
- Bei der *formellen FA* ist die Freiarbeit als eigenes Fach im Stundenplan ausgewiesen, die Grenzen zwischen den Fächern werden zum Teil völlig aufgegeben. Dadurch sind die Schüler nicht nur in der Wahl des Materials, sondern auch in der Wahl des Faches frei.
- Bei der *fächerübergreifenden oder integrierten FA* geben die Kollegen, die sich an einer Freiarbeit beteiligen wollen, einen Teil ihrer Stunden in einen sogenannten Freiarbeitspool ab, sodass in diesen abgegebenen Stunden fächerübergreifend Freiarbeit stattfinden kann. Da ein inhaltlich breites Lernangebot ein unverzichtbares Wesensmerkmal der integrierten Freiarbeit ist, sollten möglichst mehr als zwei Fächer an dieser Organisationsform beteiligt werden.
- Die *fachbezogene FA* erfordert einen vergleichsweise geringen organisatorischen Aufwand, da sie nur in einem Fach in einem von der Lehrkraft

festgesetzten Zeitraum praktiziert wird. So kann die Freiarbeit z. B. regelmäßig in einer bestimmten Stunde pro Woche stattfinden oder sich als Block über zwei bis drei Wochen erstrecken.

Gruppenpuzzle (GP)
Bei vielen Formen kooperativen Lernens kann das Problem auftreten, dass es dominante und passive Mitglieder, sogenannte »Zugpferde« und »Trittbrettfahrer« gibt, sodass nicht alle etwas lernen. Im Unterschied dazu trägt beim Gruppenpuzzle jedes Gruppenmitglied für einen bestimmten Teilbereich Verantwortung.

Beim GP werden die Schüler einer Klasse in verschiedene Gruppen eingeteilt, die alle das gleiche Gesamtthema bearbeiten, wobei jedes Gruppenmitglied als Experte für einen bestimmten Teilaspekt verantwortlich ist.

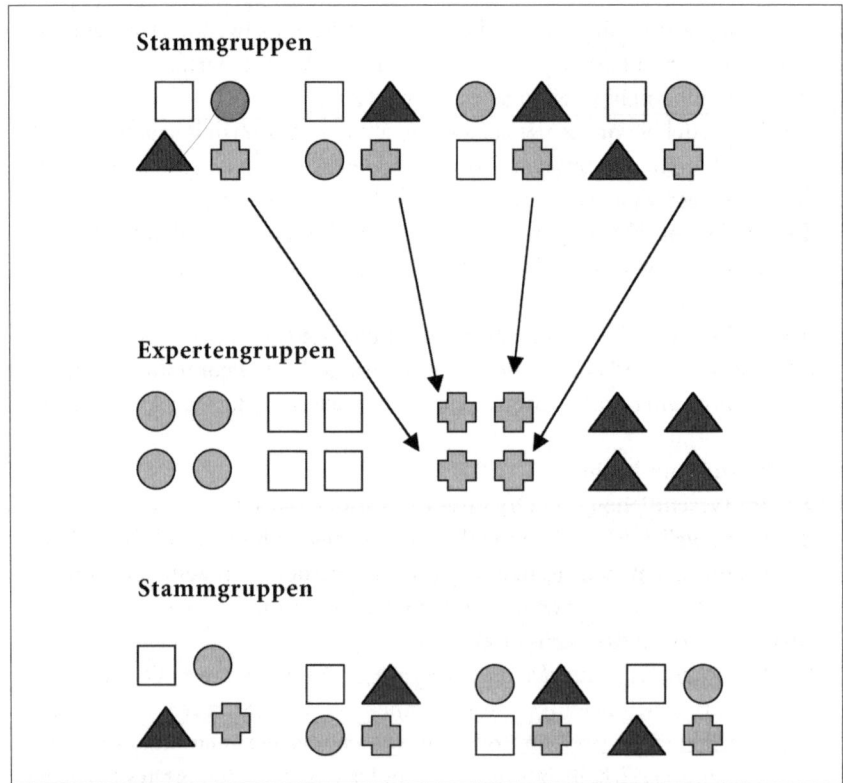

Verlaufsschema
- Erläuterung der Aufgaben- und Themenstellung durch den Lehrer
- Bildung von sogenannten Stammgruppen

- Festlegung der Stammgruppen, wer als Experte für welchen Teilaspekt zuständig sein will. In jeder Stammgruppe muss mindestens ein Experte für jedes Teilthema vorhanden sein.
- Vorübergehende Auflösung der Stammgruppen und Bildung der Expertengruppen
- Erarbeitung der einzelnen Lerninhalte in den Expertengruppen
- Auflösung der Expertengruppen und Rückkehr in die jeweiligen Stammgruppen
- Jeder Experte berichtet in seiner Stammgruppe über die Ergebnisse seiner Expertengruppe. Mithilfe dieser Ergebnisse wird die gemeinsame Aufgabenstellung bearbeitet.

Hinweise zur Durchführung
Bei komplexen oder anspruchsvollen Teilthemen sind pro Stammgruppe zwei Experten für ein Teilthema sinnvoll.

Um eine langfristige Ergebnissicherung zu gewährleisten, sollten die Ergebnisse von den Stammgruppen in schriftlicher Form festgehalten werden (z. B. Handout oder Plakat). Außerdem sollten die Schüler die Möglichkeit haben, offene Fragen gegebenenfalls im Unterrichtsgespräch zu klären.

Oft ist es erforderlich, dass die Lehrkraft im Anschluss an das Gruppenpuzzle im Plenum mögliche Lernlücken identifiziert und schließt, das Gelernte in einen größeren Kontext einordnet oder Transferaufgaben stellt.[6]

Lernen durch Lehren (LdL)

Beim LdL übernehmen die Schüler Schritt für Schritt unterschiedliche Funktionen des Lehrers und können dadurch ihre Kompetenzen vertiefen und erweitern.

In der Unterrichtspraxis sind die Schüler zunächst nur für einzelne Unterrichtsphasen verantwortlich, während sie im fortgeschrittenen Stadium ganze Unterrichtsstunden gestalten. Dadurch dass die Schüler ihren Mitschülern etwas erklären müssen, erarbeiten und durchdringen sie die Unterrichtsinhalte in aller Regel gründlicher als im lehrerorientierten Unterricht.

Die Schüler übernehmen beim LdL mehrere Funktionen:
- *Planungsfunktion:* Aneignung von Fachwissen, didaktische Aufbereitung des Stoffs, Erarbeitung und Bereitstellung von Materialien usw.
- *Durchführungsfunktion:* Gestaltung des Stundenablaufs, Sicherung der Ergebnisse, Moderation, Formen der Präsentation, Kommunikation, Interaktion, Korrektur der Mitschüler usw.

---

6 Wellenreuther (2009)

- *Expertenfunktion:* Reaktivieren, Speichern und Vermitteln von Wissen
- *Didaktische Funktion:* Verarbeitung und Anwendung des Lernstoffs
- *Autoritätsfunktion:* Selbstsicherheit, Zuverlässigkeit, Verantwortung

Durch diese umfassenden Aufgaben können die Schüler ihre inhaltlich-fachlichen, methodischen, sozialen und personalen Kompetenzen erwerben bzw. weiterentwickeln.

Lernen mit dem Computer
Das Lernen mit dem Computer, auch E-Learning genannt, hat im Hinblick auf die Differenzierung und Individualisierung von Lernprozessen zahlreiche Vorteile, die sich verschiedene Lernprogramme zunutze gemacht haben.

Vor allem in Übungsphasen können die Schüler mithilfe eines Lernprogramms individuell und differenziert gefördert und gefordert werden.

Ein Lernprogramm kann den Schülern passgenaue Angebote machen:
- Es kann zunächst den aktuellen Leistungsstand von jedem Schüler mithilfe eines Diagnosetests ermitteln, indem es feststellt, was ein Schüler schon beherrscht und in welchen Bereichen noch Übungsbedarf besteht.
- Es bietet jedem Schüler anschließend Aufgaben zur Bearbeitung, die seinen Fähigkeiten entsprechen.
- Bei auftretenden Schwierigkeiten gibt das Lernprogramm dem Schüler differenzierte Hilfestellungen.
- Es stellt jedem Schüler Übungen zur Verfügung, die sich jeweils an seinem aktuellen Leistungsstand orientieren, sodass eine optimale Passung zwischen Lernangebot und individuellen Lernvoraussetzungen gegeben ist.
- Es gibt jedem Schüler nach der Übungsphase eine individuelle Rückmeldung über seinen Lernfortschritt.

Während der computergestützten Übungsphase kann sich der Lehrer einzelnen Schülern zuwenden, um mit diesen individuelle Frage- und Problemstellungen zu bearbeiten.

Darüber hinaus kann der Computer als weltweite Kommunikations- und Informationsplattform, als Simulationshilfe, als Werkzeug zum Schreiben, Zeichnen usw. eingesetzt werden.

Es würde den Rahmen dieses Kapitels sprengen, dieses umfangreiche Thema im Einzelnen darzustellen.[7]

---

7 Hettinger (2008); Petko (2010)

3.3 Sozialformen

Unterricht kann mit verschiedenen Sozialformen gestaltet werden, für die sich bestimmte methodische Instrumente eignen:
- *individualisierender Unterricht* mit Einzelarbeit: Wochen- und Arbeitspläne, Lernprogramme etc.
- *kooperativer Unterricht* mit Partner- oder Gruppenarbeit: Projekte, Theaterspielen, Gruppenpuzzle etc.
- *gemeinsamer Unterricht* mit Klassenunterricht: Klassengespräch, Vortrag, Präsentation etc.

Impuls für die Unterrichtspraxis
Planen Sie für Ihre nächste Unterrichtseinheit eine ausgewogene Verteilung der Grundformen ein (nach Möglichkeit Dreiteilung).
Überlegen Sie, welche Themen, Aufgabenstellungen und Materialien sich für welche Sozialform am besten eignen, und nehmen Sie eine entsprechende Zuordnung vor.

Bei dem Einsatz der verschiedenen Sozialformen ist ein ausgewogenes Verhältnis anzustreben. Während bei der Einzelarbeit der individuelle Lernweg im Vordergrund steht, geraten die Vielfalt der heterogenen Lerngruppe und der Umgang mit der Unterschiedlichkeit von der Partnerarbeit über die Gruppenarbeit bis hin zum Klassenunterricht immer stärker in den Blickpunkt.

Einzelarbeit (EA)

Bei der Einzelarbeit (EA), auch Stillarbeit genannt, arbeitet jeder Schüler einer Klasse selbstständig und eigenverantwortlich.

Im Unterschied zum Klassenunterricht kann der Schüler bei der Einzelarbeit die Reihenfolge und das Tempo seiner Denk- bzw. Handlungsschritte selbst bestimmen. Damit trägt die EA den individuellen Bedürfnissen und Fähigkeiten der Schüler in höchstem Maße Rechnung und ermöglicht in besonderer Weise binnendifferenziertes Vorgehen.

Bei Schülern mit erheblichen Lernschwierigkeiten oder besonderen Begabungen kann die Einzelarbeit freilich rasch an ihre Grenzen stoßen. Daher sollten gegebenenfalls Möglichkeiten der Unterstützung durch leistungsstärkere Schüler oder eine Lehrkraft erwogen werden. Darüber hinaus kann man Formen der temporären äußeren Differenzierung oder der Förderung außerhalb des Unterrichts in Erwägung ziehen (vgl. Kapitel 4). Mitunter ist mit den betreffenden Schülern auch eine individuelle Förderberatung und -planung angebracht, die ein darin geschulter Kollege oder eine schulpsychologische Beratungsstelle übernehmen kann.[8]

Besonders nach der Einführung eines neuen Themas ist es ratsam, den Schülern die Möglichkeit zu eröffnen, zunächst in EA mit differenziertem Material verschiedene Aspekte eines Themas auf unterschiedlichem Anspruchsniveau zu wiederholen, anzuwenden oder zu vertiefen.

Die EA kann gemäß dem Dreischritt »Think – Pair – Share« über die PA in den Klassenunterricht münden.[9]

Partnerarbeit (PA)

> Bei der Partnerarbeit (PA) wird der Klassenverband für eine begrenzte Zeit in Zweiergruppen aufgeteilt, die sich gemeinsam und selbstständig mit einer Aufgabenstellung beschäftigen.

Obwohl die Partnerarbeit ein Schattendasein führt, erzielt sie oft bessere Ergebnisse als die Gruppenarbeit oder der Klassenunterricht.[10]

Die PA ermöglicht wie die EA individuelle Denkvorgänge, scheint jedoch die kognitive Leistungsfähigkeit der Schüler noch stärker als die EA zu fördern. Dies ist vermutlich dadurch bedingt, dass das mündliche Formulieren, Erklären und Nachfragen im Zweierteam zu einem tieferen Durchdringen und Verstehen komplexer Sachverhalte beiträgt. Darüber hinaus schult die PA die soziale Kompetenz der Schüler, die in einem zeitlich, personell und inhaltlich sehr überschaubaren Rahmen erste Erfahrungen mit der Heterogenität machen können. Sie lernen in der Zweiergruppe andere Lernwege und Meinungen kennen und können sich darin üben, die Unterschiedlichkeit als Chance zu begreifen und Spannungen konstruktiv auszutragen. Schließlich können sich die Partner gegenseitig korrigieren, stärken, ergänzen und unterstützen. Problematisch ist der Helferdienst, wenn der leistungsschwächere Partner keinerlei Unterstützung erhält, sondern die Ergebnisse seines leistungsstärkeren Partners lediglich abschreibt. Schließlich sei darauf hingewiesen, dass die meisten Schüler sich einen gleich starken oder allenfalls leistungsstärkeren Partner wünschen.[11]

Impuls zum Nachdenken

Überlegen Sie, in welchen Phasen des Unterrichts Sie Partnerarbeit eingesetzt haben. Nach welchen Kriterien haben Sie die Teams gebildet?

---

8 Höhmann (2004)
9 Konietzko/Dahlmann (2004)
10 Nuhn (1995)
11 Nuhn (1995), 58.

Sozialformen

Für die Einteilung der Paare sind verschiedene Formen denkbar:
- Jeder arbeitet mit seinem Tischnachbarn zusammen.
- Jeder arbeitet mit seinem Vorder- bzw. Hintermann.
- Die Paare werden ausgelost.
- Die Schüler wählen selbst ihren Lernpartner.
- Eine etwas aufwändigere Form stellt das sogenannte Kugellager bzw. Karussellgespräch dar. Dazu wird die Sitzordnung so umgestellt, dass alle Tische beiseite geräumt und zwei konzentrische Stuhlkreise gebildet werden, wobei die Schüler des inneren Kreises nach außen und die Schüler des äußeren Kreises nach innen blicken. Durch entsprechende Impulse des Lehrers (z. B.: »Die Schüler des Innenkreises rücken einen Platz nach links weiter.«) werden die Schüler jeweils ihrem Gesprächspartner zugewiesen, mit dem sie z. B. ihre Meinung zu einem Thema austauschen oder einer anderen gestellten Aufgabe nachgehen können. Diesen Vorgang kann der Lehrer mehrere Male wiederholen, um den Schülern durch den häufigen Partnerwechsel eine möglichst große Perspektivenvielfalt zu vermitteln.

Beispiel: Karussellgespräch

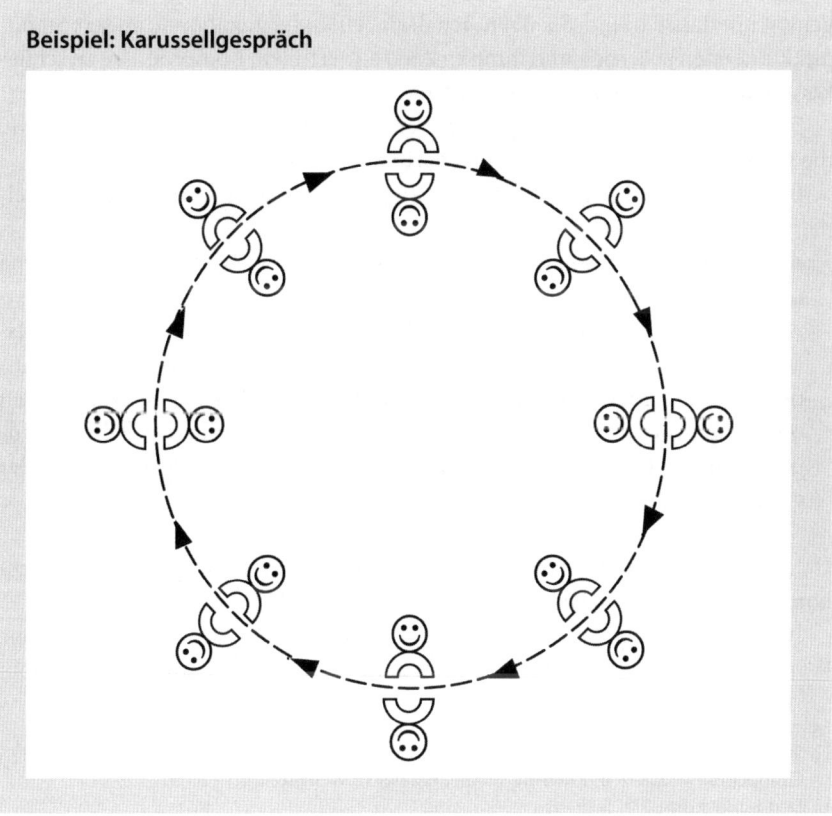

Sollte das »Karussellgespräch« aus Gründen der Raumkapazität oder der Zeitökonomie nicht möglich sein, kann der Lehrer die Schüler auch bitten, im Mittelgang oder vor der Tafel zwei sich gegenüberstehende Reihen zu bilden. Die Schüler tauschen sich jeweils mit ihrem Gegenüber aus, bis der Lehrer einen entsprechenden akustischen Impuls gibt, z. B. die Schüler der einen Reihe bittet, um einen oder zwei Plätze weiterzugehen, um sich mit dem neuen Gesprächspartner auszutauschen.

Gruppenarbeit (GA)

Bei der Gruppenarbeit (GA) wird der Klassenverband für eine begrenzte Zeit in Kleingruppen (drei bis sechs Schüler) aufgeteilt, die jeweils gemeinsam und selbstständig an einer Themenstellung arbeiten, ihre Arbeitsergebnisse in der Regel in späteren Unterrichtsphasen im Plenum präsentieren und sie nach Möglichkeit in ein Gesamtergebnis münden lassen.[12]

Im Rahmen der GA können die Schüler verstärkt soziale und kommunikative Kompetenzen weiterentwickeln, die für einen geglückten Umgang mit Heterogenität unerlässlich sind. Sie üben sich darin, einander zuzuhören, andere Standpunkte kennen zu lernen und ihren eigenen zu vertreten, Kompromisse zu schließen, Gruppengespräche zu moderieren etc.

Für die Einteilung der Gruppen bieten sich verschiedene Möglichkeiten an, die je nach Kontext und Zielsetzung variieren sollten.[13]

Im Hinblick auf die Aufgabenstellungen und das Unterrichtsthema unterscheidet man zwei Organisationsformen:
- *Arbeitsgleiche Gruppenarbeit*: Alle Kleingruppen bearbeiten dasselbe Thema und/oder dieselbe Aufgabenstellung.
- *Arbeitsteilige Gruppenarbeit*: Jede Kleingruppe erhält einen anderen Arbeitsauftrag bzw. ein anderes Thema. Diese Organisationsform eignet sich besonders zur Differenzierung, da die Kleingruppen verschiedene Aspekte, Ebenen oder Dimensionen ein und desselben Themas kennen lernen und durchdringen können. Im Plenum können die unterschiedlichen Perspektiven einander gegenübergestellt und gemeinsam ausgewertet werden.

Unabhängig von der Frage der Aufgaben- und Themenstellung können leistungshomogene oder leistungsheterogene Gruppen gebildet werden:
- In *leistungshomogenen Gruppen* können alle Teammitglieder auf Augenhöhe miteinander arbeiten und agieren, was den Lernprozess durchaus beflügeln

---

12 Selbstverständlich gibt es noch weitere Möglichkeiten wie Gruppenpuzzle (vgl. Kap. 3.2) bzw. Gruppenrallye. Vgl. z. B. Rotering-Steinberg (1993); Wellenreuther (2009)
13 Drumm/Scholz (2007), 29–41.

kann. Die Lehrkraft sollte freilich dafür sorgen, dass leistungsstarke Gruppen angemessen gefordert werden und leistungsschwächere Gruppen bei Bedarf auf entsprechende Unterstützungsangebote oder Hilfestellungen zurückgreifen können.
- In *leistungsheterogenen Gruppen* können Spezialisten oder Experten ihr Knowhow an ihre Mitschüler weitergeben und sie bei der Arbeit unterstützen. Im Vorfeld sollte die Vereinbarung getroffen werden, dass die leistungsstarken Schüler ihren Mitschülern lediglich Impulse und wohl dosierte Hilfestellungen geben. Damit ist gewährleistet, dass auch alle Gruppenmitglieder aktiv sind.

Die Erfahrungen in der Unterrichtspraxis zeigen, dass Schülerinnen und Schüler es schätzen, sowohl in leistungshomogenen als auch in leistungsheterogenen Gruppen arbeiten zu können. Daher empfehlen wir eine ausgewogene Balance zwischen beiden Formen.

Impuls für die Unterrichtspraxis
Planen Sie für die nächste Gruppenarbeit in Ihrem Unterricht eine der vorher aufgeführten Formen und reflektieren Sie Ihre Erfahrungen.

Gerade im Rahmen von Gruppenarbeitsphasen kann es sinnvoll sein, wenn Schüler lieb gewonnene Verhaltensweisen, die sie im Klassenverband häufig praktizieren, mithilfe eines Rollenspiels hinterfragen und erweitern. Nach unserer Erfahrung gelingt dieses Unterfangen in Unterrichtsphasen mit Kleingruppenarbeit besonders gut, da die Schüler in einem überschaubaren zeitlichen und personellen Rahmen Erfahrungen mit einer neuen Rolle machen können.

Je nach Atmosphäre in der Klasse kann man den Schülern eine entsprechende Rolle zuteilen oder auch die Schüler ihre Rolle wählen oder auslosen lassen.

Am Ende der Gruppenarbeit sollten sich die Teammitglieder gegenseitig ein Feedback darüber geben, wie überzeugend die Gruppenmitglieder ihre Rolle jeweils »gespielt« haben.

Beispiel: Rollenkarten für die Gruppenarbeit[1]

Während der Gruppenarbeitsphase soll jeder und jede von euch seine Rolle möglichst überzeugend darstellen.[2]

LÖWE 	SCHNECKE  
Vertrete selbstbewusst deine Interessen. Wenn dir jemand Schwierigkeiten macht, weise ihn deutlich zurecht und verfolge weiter dein Ziel.	Erledige deine Aufgaben in aller Ruhe. Wenn es Streit gibt, ziehe dich in dein Schneckenhaus zurück und verzichte darauf, deine Interessen durchzusetzen.
FUCHS 	BÄR 
Versuche deine Interessen und Ziele klug durchzusetzen. Achte deshalb darauf, dass möglichst alle Gruppenmitglieder zu ihrem Recht kommen und sich wohlfühlen.	Sei zu allen freundlich und nett. Kümmere dich darum, dass jeder in der Gruppe sich wohlfühlt, zu Wort kommt und seine Ideen einbringen kann.
VOGEL 	SCHMETTERLING 
Du hast den nötigen Abstand und betrachtest alles von einer höheren Warte. Wenn es Streit gibt, führst du die unterschiedlichen Sichtweisen zusammen und suchst nach einer gemeinsamen Lösung.	Achte darauf, dass eure Ideen und Ergebnisse nicht zu langweilig und brav sind. Halte die kreativen und bunten Ideen fest und kümmere dich darum, dass sie in euer Ergebnis einfließen.

---

1 Die Rollenkarten sind in Anlehnung an eine Idee von Ulrike Kempter (Österreich) gestaltet.
2 Die Bilder sind entnommen aus Scherling/Schuckall (1992), 174 und 178.

Klassenunterricht (KU)
Bei dieser Sozialform arbeiten alle gemeinsam an einem Thema oder nehmen an einem zentralen Geschehen teil.

Während die Schüler in der EA, PA oder GA eine Aufgabenstellung oft unter einem ganz bestimmten, mitunter sehr einseitigen Blickwinkel bearbeiten und bewältigen, werden sie im Klassenunterricht mit weiteren Zugangsweisen und Fragen ihrer Mitschüler oder ihres Lehrers konfrontiert.

Das Unterrichten in der heterogenen Gesamtgruppe stellt deshalb ein wesentliches Pendant zu den differenzierten und individualisierten Unterrichtsphasen in EA, PA oder GA dar und kann
- den Schülern gemeinsame Erlebnisse und Erfahrungen verschaffen,
- den vielfältigen Ideen einer heterogenen Gesamtgruppe Raum geben und
- den Schülern Mehrdimensionalität und Perspektivenvielfalt eröffnen.

Es sei ausdrücklich darauf hingewiesen, dass der Klassenunterricht nicht automatisch im vom Lehrer geleiteten Unterrichtsgespräch erfolgen muss, sondern den Rahmen für vielfältige Aktionsformen bietet, wie z. B. Referate, Präsentationen, Expertenbefragungen, aber auch szenische oder musikalische Elemente bis hin zum Unterrichten einzelner Themenbereiche durch Schüler (vgl. Kap. 3.2 LdL).

Gerade bei differenzierten und individualisierten Unterrichtsformen bildet der Klassenunterricht den Dreh- und Angelpunkt zur Planung, Verarbeitung, Zusammenführung und Auswertung unterschiedlicher Zugangs-, Lösungs- und Erkenntniswege,[14] sodass die Heterogenität von allen Beteiligten als belebendes und fruchtbares Spannungsfeld erfahren werden kann.

3.4 Jahrgangsübergreifende Lerngruppen

Immer mehr Bundesländer haben zumindest für die Schulanfangsjahre in der Grundschule jahrgangsübergreifende Lerngruppen eingeführt, da kleine Jahrgangsklassen einen zu hohen Ressourceneinsatz erfordern und manchen Grundschulen aufgrund zu geringer Anmeldezahlen neuer Schüler die Schließung droht.

Doch nicht wenige Grundschulen äußern auch selbst den Wunsch nach einer veränderten Lernkultur. Sie möchten flexibler auf die heterogenen Lernvoraussetzungen reagieren können, indem sie Kindern mit unterschiedlichem Entwicklungs- und Leistungsstand die Möglichkeit eröffnen, die Grundschule in unterschiedlicher Zeit zu durchlaufen, ohne dass diese ihre vertraute Lerngruppe verlassen müssen.

Einige Grundschulen haben sich darüber hinaus das Ziel gesetzt, in ihr Konzept

---
14 Gudjons (2003)

des jahrgangsübergreifenden gemeinsamen Lernens auch Kinder mit besonderem Förderbedarf einzubeziehen.[15]

An den bereits bestehenden Schulen mit jahrgangsübergreifenden Lerngruppen werden unterschiedliche Modelle praktiziert:
- In vierjährigen Grundschulen werden oft die Kinder der Jahrgangsstufe 1 und 2 (Stufe 1) sowie der Jahrgangsstufe 3 und 4 (Stufe 2) zusammengefasst. Es gibt auch Grundschulen, in der alle Altersstufen der Grundschulklassen 1 bis 4 in einer Lerngruppe zusammengefasst und während der gesamten Grundschulzeit von denselben Lehrern unterrichtet werden.
- In sechsjährigen Grundschulen werden in aller Regel die Kinder der Jahrgangsstufe 1 bis 3 (Stufe 1) und der Jahrgangsstufe 4 bis 6 (Stufe 2) in jeweils einer Lerngruppe unterrichtet.

Die verschiedenen Modelle der altersgemischten Lerngruppen ermöglichen eine flexible Gestaltung der Schuleingangsphase, da die Kinder je nach Fähigkeiten und Lernvoraussetzungen unterschiedlich lange in der jeweiligen Stufe verweilen können: So kann die auf zwei Jahre konzipierte Eingangsphase (Stufe 1) von leistungsstärkeren Kindern in nur einem Schuljahr, von langsamer lernenden Kindern hingegen auch in drei Schuljahren durchlaufen werden.

Jahrgangsübergreifendes Lernen setzt ein reichhaltiges Angebot an differenzierten Unterrichtsmaterialien, eine bewusste Planung und Gestaltung der zeitlichen und räumlichen Strukturen und eine hohe Kooperationsbereitschaft aufseiten der Lehrkräfte und Schüler voraus.[16]

Impuls für die Unterrichtspraxis

Wenn Sie noch keinerlei Erfahrungen mit jahrgangsübergreifenden Lerngruppen gemacht haben sollten, empfiehlt es sich, in Absprache mit der Schulleitung, den Schülern, Eltern und Kollegen ein Experiment in überschaubarem Rahmen zu wagen:
- Überlegen Sie sich, mit welchem Kollegen, mit welcher Jahrgangsstufe und in welchem Fach Sie gerne jahrgangsübergreifend zusammenarbeiten würden.
- Bitten Sie die Schulleitung darum, Ihren Teamkollegen und Sie für die entsprechenden Klassen einzuplanen.
- Informieren Sie den Stundenplangestalter rechtzeitig über Ihr Vorhaben und bitten Sie ihn, die Stunden in dem betreffenden Fach auf die gleiche Zeitschiene zu legen.
- Sie können nun die Schüler von zwei aufeinander folgenden Klassen ein Schulhalbjahr lang jahrgangsübergreifend unterrichten.

---

15 Schöler (2009)
16 Anregungen und praxisorientierte Hinweise zur Umsetzung findet der interessierte Leser in Beutel/Hinz (2008) und Hinz (2009).

- Tauschen Sie sich regelmäßig mit Ihrem Kollegen, Ihren Schülern und den Eltern über die Erfahrungen aus, und entwickeln Sie Ihr Modell gegebenenfalls weiter.
- Laden Sie Kolleginnen und Kollegen zu Ihrem Unterricht ein und holen Sie sich von ihnen ein Feedback über die Stärken und Schwächen des jahrgangsübergreifenden Unterrichts ein.

Literatur

- *Hinz (2009)*: Überblick über Forschungsbefunde zur Wirksamkeit von altersgemischten Lerngruppen sowie Anregungen für die Unterrichtspraxis
- *Paradies/Linser (2001):* Praxiserprobte Instrumente der Differenzierung für die Sekundarstufen I und II
- *Scholz (2008a)*: Praxisorientierte Anregungen und Kopiervorlagen zur inneren Differenzierung
- http://www.ku-eichstaett.de/Fakultaeten/SLF/romanistik/didaktik/Forschung/ldl/ Materialien zu LdL

4. Äußere Differenzierung

> *In diesem Kapitel werden verschiedene Formen der äußeren Differenzierung innerhalb einer Schulart vorgestellt, bei der durch unterrichtsorganisatorische Maßnahmen eine Lerngruppe oder ein Klassenverband zeitweilig oder auf Dauer aufgelöst wird.*
>
> *Zunächst werden Differenzierungsmöglichkeiten nach Schulklassen mit einem besonderen Profil aufgezeigt. Es folgen Anregungen für eine temporäre und dynamische äußere Differenzierung nach Entwicklungsstand und Leistungsbereitschaft bzw. Leistungsvermögen. Anschließend werden Unterstützungssysteme außerhalb des regulären Unterrichts für Schüler mit besonderen Lernschwierigkeiten und Schüler mit besonderen Begabungen vorgestellt. Das Kapitel schließt mit ausführlichen Überlegungen zur aktuell rege diskutierten Frage, ob und unter welchen Rahmenbedingungen eine Differenzierung nach geschlechtshomogenen Lerngruppen sinnvoll sein könnte.*

Es würde den Rahmen dieses Kapitels sprengen, auf die zahlreichen Differenzierungsangebote nach Schularten einzugehen, die in Deutschland auf eine lange und umstrittene Tradition zurückblicken.[1] Hinzu kommt, dass in den Bundesländern unterschiedliche Modelle favorisiert werden und durch die aktuellen Strukturdebatten weitere, zum Teil gravierende Änderungen in der Schul- und Bildungspolitik zu erwarten sind. Der interessierte Leser findet am Ende des Kapitels entsprechende Literaturhinweise und Internet-Adressen zu diesem wichtigen Thema. Wir möchten uns daher auf die Modelle der äußeren Differenzierung beschränken, die unabhängig von der Bildungspolitik vor Ort zum Einsatz kommen können.

Impuls zum Nachdenken
Machen Sie sich bei der Lektüre des folgenden Kapitels 4.1 darüber Gedanken, ob an Ihrer Schule – gegebenenfalls in Kooperation mit einer benachbarten Schule oder Institution – eine Spezialklasse eingerichtet werden könnte und sollte. Wägen Sie die Vor- und Nachteile für die Lehrkräfte und für die Schüler ab.

---

1 Oelkers (2006); Papenfuss (2009)

4.1 Schulklassen mit besonderem Profil

In einigen, vor allem weiterführenden Schulen mit mehreren Klassen pro Klassenstufe gibt es Klassen mit einem besonderen Profil, in denen die Schülerinnen und Schüler ihre Interessen und Begabungen verstärkt entfalten können.

Im Folgenden sollen exemplarisch einige dieser Spezial-Klassen skizziert werden.

Sportklassen

Manche Schulen haben Klassen mit einem besonderen Sportprofil, in denen sportinteressierte, bewegungsfreudige und motorisch begabte Schülerinnen und Schüler durch ein erweitertes Sportangebot ihre Leistungsfähigkeit verbessern können.

> **Beispiel: Sportklassen der Realschule Gummersbach-Hepel**
>
> Die Sportklassen an der Realschule Gummersbach-Hepel sind aus einer länger bestehenden Kooperation der Schule mit der regionalen Handball-Akademie VFL Gummersbach entstanden. Handball-Akademie und Schule bilden ein enges Verbundsystem, das auf dem Landesprogramm des Landes Nordrhein-Westfalen »Talentsuche und Talentförderung in Zusammenarbeit von Schule und Verein/Verband« basiert und in Kooperation mit der Landesregierung und dem Landessportbund durchgeführt wird.
> Es ist das erklärte Ziel, den Kindern und Jugendlichen Freude am Sport zu vermitteln und einen humanen und familienfreundlichen Weg zum Leistungssport zu eröffnen.
> Voraussetzungen für den Besuch der Sportklasse:
> - Die Kinder werden vom Sportverein empfohlen und von ihren Eltern angemeldet.
> - Sie absolvieren nach Rücksprache mit den Eltern einen sportmotorischen Test.
>
> Merkmale der Sportklasse:
> - Der Klassenlehrer ist zugleich Sportlehrer.
> - Die Kinder haben neben dem regulären Fachunterricht eine erhöhte Stundenzahl an Sportunterricht im Klassenverband.
> - Die Klassenfahrten und die Ausflüge haben eine sportliche Ausrichtung.
> - Die Kinder nehmen an verschiedenen Sportwettkämpfen teil.
> - Bei Schulbefreiungen und Klassenarbeitsterminen werden die Vereins- und Verbandsmaßnahmen besonders berücksichtigt.
>
> Weitere Infos unter: www.rs-heppel.de

Musikklassen

Einige Schulen bieten für musikalisch besonders begabte Kinder und Jugendliche sogenannte Musikklassen an.

> **Beispiel: Musikklassen im Goethe-Gymnasium in Demmin**
>
> Im Goethe-Gymnasium Demmin (Musikgymnasium) können musikalisch begabte Schülerinnen und Schüler ab der fünften Klasse nach Bestehen eines Eignungstestes in eine Musikklasse aufgenommen werden.
> In der Musikklasse findet eine breite musikalische Ausbildung statt, in der u. a. folgende Elemente enthalten sind:
> - Singen im Chor
> - Klavierunterricht oder das Erlernen eines Blasinstrumentes
> - optional Stimmbildungsunterricht
>
> Die Schüler der fünften und sechsten Klassen bilden den Spatzenchor und die Schüler der siebten und achten Klassen den Kinderchor. Die Jugendlichen ab der neunten Klasse singen im Jugendchor.
> Darüber hinaus können die Schüler im Mädchenkammerchor, im Männerchor, in der Bigband, dem Saxofonquartett, der Swingband und in anderen Ensembles mitwirken.
>
> Weitere Infos unter: www.goethe-gymnasium.landkreis-demmin.de/

Hochbegabtenklassen

Seit einigen Jahren scheint sich in der Schul- und Bildungspolitik zunehmend die Erkenntnis durchzusetzen, dass auch intellektuell besonders und hochbegabte Kinder und Jugendliche Lernangebote brauchen, die auf ihre Fähigkeiten und Bedürfnisse abgestimmt sind.

Neben Angeboten der binnendifferenzierten und außerunterrichtlichen Förderung haben verschiedene Bundesländer Extra-Klassen für besonders und hochbegabte Schüler mit einem spezifischen Förderkonzept eingerichtet, das in der Regel mindestes zwei Elemente aufweist:
- In den meisten Hochbegabtenklassen wird der normale Unterrichtsstoff in kürzerer Zeit erarbeitet (Akzeleration).
- Darüber hinaus gibt es ein zusätzliches Unterrichtsangebot (Enrichment), bei dem die Schüler die Unterrichtsinhalte vertiefen und erweitern oder zusätzliche Themenbereiche erarbeiten können.

Beispiel: Hochbegabtenklassen am FSG Marbach

Mit dem Schuljahr 2008/2009 wurde am Friedrich-Schiller-Gymnasium (FSG) Marbach eine Klasse für intellektuell hochbegabte Kinder eingerichtet (beginnend mit Klasse 5), in der die Inhalte des Bildungsplanes schneller vermittelt werden, um Freiraum für ein erweitertes Unterrichtsangebot zu schaffen, ohne die Wochenstundenzahl zu erhöhen.

Für die Aufnahme in die Hochbegabtenklasse müssen die Kinder an einem standardisierten Gruppentest in der schulpsychologischen Beratungsstelle Ludwigsburg teilnehmen, um den Intelligenzquotienten zu ermitteln.

Wenn die Kinder diesen Test erfolgreich bestanden haben, werden sie gemeinsam mit ihren Eltern zu Aufnahmegesprächen ans FSG Marbach eingeladen und nehmen gegebenenfalls am Probeunterricht und an einem Projektnachmittag in der Schule teil.

Das Fördermodell der Hochbegabtenklasse besteht aus drei Säulen:
- Die Wochenstundenzahl wird um zwei Unterrichtsstunden gekürzt (Akzeleration).
- Die Kinder nehmen in einer Doppelstunde pro Woche am fächerverbindenden und handlungsorientierten Projektunterricht teil (Enrichment), der im Teamteaching stattfindet.
- Darüber hinaus findet in den Hochbegabtenklassen ein Teamentwicklungstraining statt, das der ganzheitlichen Persönlichkeitsentwicklung sowie der Stärkung der Klassengemeinschaft dient.

Zur Identifikation besonders begabter Kinder und Jugendlicher findet der interessierte Leser in Kapitel 4.2 entsprechende Hinweise.

Internationale Klassen

Angesichts der fortschreitenden Globalisierung schenken einige Schulen der interkulturellen Begegnung und dem interkulturellen Lernen besondere Aufmerksamkeit und haben deshalb internationale Klassen an ihrer Schule eingerichtet.

Kinder und Jugendliche unterschiedlicher Länder erhalten in diesen Klassen die einmalige Chance, sich mit anderen Kulturen ganz real auseinanderzusetzen und Verständnis und Toleranz für ihnen zunächst fremd erscheinende Lebensweisen zu entwickeln.

Beispiel: Internationale Klassen am FSG Marbach

Am Friedrich-Schiller-Gymnasium (FSG) Marbach werden in jedem Schuljahr in der zehnten Jahrgangsstufe zwei internationale Klassen eingerichtet.

> Diese setzen sich in der Regel aus jeweils ca. 18 deutschen und ca. neun internationalen Jugendlichen (z. B. aus den USA, China, Estland, Irland usw.) zusammen. Die internationalen Jugendlichen werden jeweils von zwei deutschen Schülern ihrer Klasse betreut und leben für ein ganzes Schuljahr in der deutschen Gastfamilie ihres betreuenden Schülers.
> Bedingt durch die verschiedenen Herkunftsländer findet der Unterricht in sämtlichen Fächern auf Englisch statt.
> In den internationalen Klassen findet weit mehr als bilingualer Unterricht statt, da der Aspekt der interkulturellen Begegnung im Vordergrund steht: Die Jugendlichen können im täglichen Miteinander fremde Kulturen kennen lernen, Vorurteile abbauen und vor allem Freundschaften schließen, die sie oft weit über das Ende der Schulzeit hinaus fortführen.
> Weitere Infos unter: www.ifc-marbach.de

Der folgende Bericht einer ehemaligen Schülerin der IFC vermittelt anschaulich, wie die internationale Klasse aus der Perspektive der Schüler wahrgenommen wird.

> **What a student thinks about the IFC**
> Jessica Hamilton, USA, IFC 2008/2009: »This year I have spent in Germany has given me a new perspective of the world. It is fascinating to see other countries' points of view, and other cultures. I learned something new every day whether it was a class excursion, or just a class discussion. Every stereotype I ever had was broken, and every opinion I ever had was questioned. The goals of the class are to encourage other cultures to coexist in one class, and to teach the internationals about German culture, but I think of the class as so much more than that. In the short year that we have been together we have become a family. We learn together, we have fun together, we help each other out. I have made such great friends here, and we no longer see each other as the countries we came from, but as individual people. Time has flown by so fast and my year here is almost over. I can't imagine my life without these wonderful people I have met. My host families, my classmates, my new friends, I don't know how I will manage to leave them all behind. The IFC is one of the best things that has ever happened to me. I have learned so much more than I ever thought possible. I learned a lot about life, and also about myself. This year has not only been a year of cultural awareness but also of self-discovery.
> I will never forget my year in the IFC and the year I spent at Friedrich Schiller Gymnasium. This year has made me a better student, and a smarter

> person, and for that I will be forever grateful. This was a once in a lifetime experience that will always be with me for the rest of my life.«

Impuls zur Vertiefung
Versetzen Sie sich in Ihre eigene Zeit als Schüler/-in.
Hätten Sie gerne eine der aufgeführten Spezialklassen besucht? Wenn nein, warum nicht? Wenn ja, welche Spezialklasse?
Welche Vor- und Nachteile hätte der Besuch einer Spezialklasse – im Vergleich zu einer Regelklasse – Ihrer Meinung nach für Sie persönlich mit sich bringen können?

4.2 Differenzierung nach Entwicklungsstand

In Deutschland wurde über viele Jahrzehnte die Einschulung und Klassenzuordnung fast ausschließlich am Alter der Kinder und Jugendlichen ausgerichtet. Seit einigen Jahren scheint sich die Erkenntnis durchzusetzen, dass diese strikte Orientierung an der Altersnorm vor allem dem Entwicklungsstand intellektuell besonders begabter Kinder nicht gerecht wird.

Schüler mit besonderen intellektuellen Begabungen
> Die meisten Fachleute verstehen unter besonderer intellektueller Begabung eine Befähigung zu besonderen oder außergewöhnlichen kognitiven Leistungen.[2]

Impuls zum Nachdenken
Gibt bzw. gab es in Ihren Klassen intellektuell besonders begabte Schüler/-innen? Notieren Sie sich die Namen und halten Sie fest, woran Sie die besonders begabten Schüler erkennen.
Wie verhalten Sie sich gegenüber diesen Schülern? Machen Sie diesen Schülern manchmal differenzierte Unterrichts- oder Hausaufgabengebote?

Außerordentliche intellektuelle Begabung bedeutet nicht, dass automatisch hohe Leistungen oder gar Höchstleistungen erbracht werden; sie ist keine Garantie für Erfolg in der Schule oder später im Beruf. Denn eine außergewöhnliche Begabung entwickelt sich nur dann zu einer außergewöhnlichen Leistung, wenn weitere Faktoren hinzutreten und positiv zusammenwirken, wie z.B. Motivation,

---
2 Vgl. dazu Heller (2002), 53–56; Ziegler (2008)

Übung und förderliche Umweltbedingungen im Elternhaus und Freundeskreis wie auch in der Schule und Gesellschaft.

Da besondere intellektuelle Begabung nicht unbedingt in hervorragende Schulleistungen mündet, werden viele außerordentlich befähigte Schüler nicht erkannt. Man vermutet eine Dunkelziffer von ca. 50 % nicht erkannter hochbegabter Schülerinnen und Schüler.[3]

In verschiedenen Untersuchungen haben Forscher nach den Gründen für die Fehleinschätzungen der Lehrer gesucht und sind auf folgende Beobachtungen gestoßen:[4]
- Lehrkräfte lassen sich in der Beurteilung ihrer Schüler hauptsächlich von deren Schulleistungen beeindrucken, sodass außergewöhnlich begabte Schüler mit durchschnittlichen oder unterdurchschnittlichen Schulleistungen – die sogenannten Underachiever – oft nicht erkannt werden.
- Außerdem wird das Lehrerurteil über die Intelligenz maßgeblich von dem Temperament der Schüler beeinflusst: Aufgeschlossene Schüler wurden von den Lehrkräften in aller Regel als überdurchschnittlich intelligent beurteilt, selbst wenn sie lediglich durchschnittlich intelligent waren. Zögernde Kinder wurden oft als weniger oder durchschnittlich begabt eingeschätzt, selbst wenn sie hochbegabt waren.
- Und schließlich rühren viele Fehlurteile auch daher, dass Lehrkräfte dazu neigen, gut angepasste Kinder als besser begabt zu bewerten, schwierige und kritische Schüler hingegen eher zu unterschätzen.

Impuls zur Vertiefung
Überlegen Sie, welche besonders begabten Schüler Sie möglicherweise nicht erkannt haben könnten. Achten Sie in den nächsten Unterrichtsstunden besonders auf diese Schüler und prüfen Sie, ob die folgenden Merkmale zur Identifikation intellektuell besonders begabter Kinder auf sie zutreffen könnten.

Merkmale zur Identifikation intellektuell besonders begabter Schüler
Die Untersuchungen zeigten freilich auch, dass sich die Zuverlässigkeit des Lehrerurteils durch gezielte Weiterbildung und durch den Einsatz von sogenannten Merkmalslisten zur Identifikation von besonders Begabten und Hochbegabten verbessern lässt. In diesen Listen sind Merkmale von intellektuell besonders begabten Heranwachsenden zusammengestellt, welche die Lehrer sensibilisieren sollen. Da diese Checklisten wissenschaftlich nicht überprüft sind, können sie freilich nur Anhaltspunkte und erste grobe Hinweise liefern.

---

3 Scholz (2007); Stapf (2003)
4 Jost (2003)

Im Übrigen sind außergewöhnlich begabte junge Menschen im Hinblick auf ihre Persönlichkeitsmerkmale genauso verschieden wie normal begabte Kinder und Jugendliche.

Hinweise auf eine besondere intellektuelle Begabung[5]
- *Besondere kognitive Fähigkeiten:* Viele intellektuell außerordentlich begabte Schüler zeichnen sich im Vergleich zu ihren Altersgenossen durch eine außerordentliche Fähigkeit zu abstraktem und logischem Denken, schnelle Informationsverarbeitung und außergewöhnliche Gedächtnisleistungen aus. Sie sind in der Lage, für ihre Altersstufe äußerst anspruchsvolle Themen und Fragestellungen in bemerkenswerter Tiefe und Komplexität zu durchdringen.
- *Hohes Detailwissen in einzelnen Themenbereichen:* Besonders begabte Schüler fallen in einzelnen Unterrichtsfächern oder bei Themenbereichen, für die sich interessieren, nicht selten durch ihr hohes Detailwissen auf.
- *Auffälligkeiten im Sprachverhalten:* Sehr begabte Schüler haben oft schon im Vorschulalter einen großen Wortschatz und wenden die Grammatik präzise und sicher an. Nicht wenige sind bereits in der Sekundarstufe I in der Lage, auch komplexe Sachverhalte außergewöhnlich präzise und gut strukturiert zu verbalisieren.
- *Widerwillen gegenüber zu häufigen Wiederholungen:* Da besonders begabte Schüler neue Sachverhalte sehr schnell erfassen, benötigen sie oft nicht so viele Wiederholungen wie ihre durchschnittlich begabten Klassenkameraden. Trägt der Lehrer dieser Tatsache nicht Rechnung, können hochbegabte Schüler eine starke Abneigung gegen den Unterricht und die Schule entwickeln und mit Störverhalten oder Rückzug reagieren.
- *Starkes Bedürfnis nach Selbstbestimmung und Selbststeuerung:* Außergewöhnlich begabte Schüler erweisen sich bisweilen als ausgesprochen eigenwillig und legen großen Wert darauf, selbst zu bestimmen, was sie tun.

Die in den Checklisten genannten Merkmale sind nur selten alle gleichzeitig und vor allem nicht bei jedem begabten Schüler sichtbar.
Eine endgültige Klärung vermag nur eine von einem kompetenten und erfahrenen Psychologen durchgeführte Diagnose zu verschaffen.

Diagnose intellektuell besonders begabter Schüler
In sogenannten Intelligenztests können anhand verschiedener Aufgaben die Höhe der Intelligenz, Begabungsschwerpunkte sowie die Konzentrations- und Merkfähigkeit eines Schülers »gemessen« werden, um den Intelligenzquotienten (IQ) bzw. den Prozentrang zu ermitteln.

---
5 Scholz (2007)

Unterschiedliche Meinungen bestehen zum einen im Hinblick auf die genauen Grenzwerte und zum anderen auf die verschiedenen Facetten der besonders und hochbegabten Persönlichkeit (Ziegler 2008).

Nach der Gaußschen Normalverteilung der Intelligenz gestaltet sich die Verteilung wie folgt:

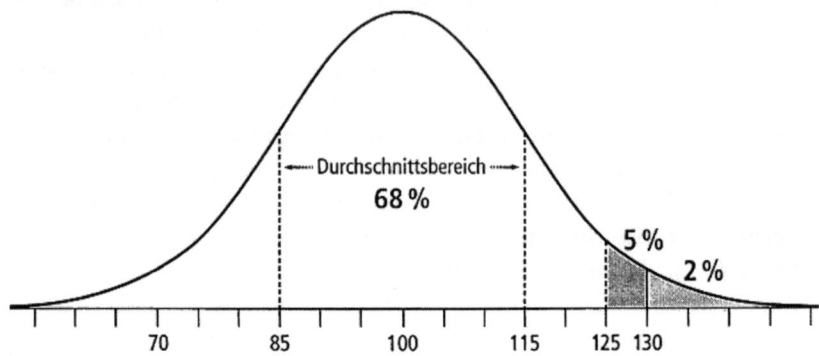

In Deutschland sprechen die meisten Forscher von intellektueller Hochbegabung, wenn im Intelligenztest ein IQ von 130 oder höher bzw. ein Prozentrang von 98 oder mehr erreicht wird.[6] Nach dieser Definition sind ca. 2 % der Bevölkerung, also jeder fünfzigste hochbegabt. Manche setzen den Grenzwert niedriger an[7] und bezeichnen Menschen ab einem IQ von 125 bzw. einem Prozentrang ab 95 als hochbegabt. Demnach wären 5 % der Bevölkerung, also jeder zwanzigste, hochbegabt.

Da es den Rahmen dieses Kapitels sprengen würde, im Einzelnen auf die verschiedenen Hochbegabungsmodelle, Intelligenztests und ergänzende Verfahren der Diagnose einer besonderen Begabung einzugehen, sei der interessierte Leser auf die am Ende des Kapitels empfohlene Literatur verwiesen.[8]

Förderung besonders begabter Schüler
Bei den Fördermöglichkeiten unterscheidet man zwei Richtungen: Akzeleration und Enrichment.

Unter Akzeleration versteht man das schnellere Durchlaufen eines Curriculums.

---

6 Stapf (2003)
7 Rost (2000)
8 Preckel/Brüll (2008)

> **Beispiel: Begabtenförderung durch Akzeleration**
>
> Als mögliche Maßnahmen der Akzeleration bieten sich z. B. an:
> - Vorzeitige bzw. frühzeitige Einschulung des Kindes
> - Überspringen einer Klasse oder Jahrgangsstufe
> - Vorübergehende oder dauerhafte Teilnahme am Fachunterricht einer höheren Klassenstufe
> - Besuch einer sogenannten D-Zug-Klasse, in der z. B. das Gymnasium statt in acht bereits in sieben Jahren absolviert wird
> - Besuch einer Klasse für hochbegabte Kinder (vgl. Kap. 4.1)

Früheinschulung und Überspringen einer Klasse
Wissenschaftliche Studien belegen, dass die Früheinschulung und das Überspringen einer Klasse eine effektive Fördermaßnahme für besonders befähigte Schülerinnen und Schüler darstellt. Die vor allem in Deutschland häufig anzutreffende Skepsis scheint unbegründet. Denn in der Regel benötigt ein hochbegabter Schüler, der eine Klasse übersprungen hat, im Durchschnitt nur etwa sechs Wochen, um die versäumten Unterrichtsinhalte nachzulernen.[9]
Die Vor- bzw. Früheinschulung sowie das Überspringen einer Klasse kommt in Betracht, wenn der betreffende Schüler ...
- ... einen großen Wissensdurst hat und gerne und schnell lernt,
- ... über Langeweile und Unterforderung klagt,
- ... vor allem mit älteren Kindern oder Jugendlichen zusammen ist,
- ... von seinen Eltern und den Lehrkräften wohlwollend begleitet und angemessen unterstützt wird und
- ... darauf vertrauen kann, dass die aufnehmende Klasse und gegebenenfalls die aufnehmende Schule eine positive und offene Haltung zum Überspringen hat.

In der Praxis hat es sich bewährt, wenn allen am Entscheidungsprozess beteiligten Personen die Möglichkeit eröffnet wird, in einem begrenzten und geschützten Rahmen erste Erfahrungen mit dem Überspringen zu sammeln. Erst auf dieser Grundlage kann guten Gewissens eine langfristige Entscheidung getroffen werden.
Daher bietet es ich an, zunächst eine Schnupperphase von mehreren Wochen zu vereinbaren, während der das Kind den Unterricht der nächst höheren Klassenstufe besucht. Nach Abschluss dieser Phase können Eltern, Lehrer und Schüler ihre Eindrücke austauschen und gemeinsam darüber entscheiden, ob der Schüler

---

9 Ziegler (2008)

in der neuen Klasse verbleibt oder in seinen ehemaligen Klassenverband bzw. in den Kindergarten zurückkehrt.

Teilnahme am Unterricht eines Faches in der nächst höheren Klassenstufe
Manche Schüler zeigen nur in einem Fach außergewöhnliche Fähigkeiten, die im konventionellen Unterricht – auch durch Maßnahmen der Binnendifferenzierung – nicht genug gefördert werden können.

Für diese Schüler kann es eine besondere Herausforderung sein, in dem betreffenden Fach den Teilunterricht oder aber den gesamten Unterricht der nächst höheren Klassenstufe zu besuchen und in den anderen Stunden in ihrem Klassenverband zu verbleiben.

Da die Stunden des betreffenden Faches in den aufeinander folgenden Klassenstufen in der Regel nicht auf derselben Zeitschiene liegen, versäumt der betreffende Schüler möglicherweise auch in anderen Fächern den Unterricht. Deshalb ist im Vorfeld eine intensive Beratung erforderlich, bei der geklärt wird, was der Schüler eigenständig vor- und nachbereiten kann und wo er auf Unterstützung durch seine Klassenkameraden, Mentoren oder Lehrkräfte angewiesen ist. Die diesbezügliche Absprache sollte schriftlich in einem Lernvertrag festgehalten und von allen beteiligten Personen unterschrieben werden. Des Weiteren sollte vereinbart werden, dass der betreffende Schüler die Klassenarbeiten in seiner Stammklasse mitschreiben und dort mindestens die Note 2–3 oder 3 erreichen muss. Ob er auch die Klassenarbeiten der nächst höheren Klassenstufe mitschreiben soll, kann in der Regel erst nach einigen Wochen entschieden werden.

Neben der Akzeleration kommen für besonders befähigte Schüler die Fördermöglichkeiten durch Enrichment in Betracht.

> Unter Enrichment versteht man die Anreicherung des regulären Unterrichtsangebotes durch zusätzliche Veranstaltungen, die der Vertiefung, Erweiterung oder Ergänzung der Unterrichtsinhalte dienen können.

Beispiel: Begabtenförderung durch Enrichment

- Belegen zusätzlicher Unterrichtsfächer (z. B. weitere Fremdsprache)
- Teilnahme an außerschulischen Veranstaltungen (z. B. Vorträge)
- Besuch einer Arbeitsgemeinschaft mit besonderen thematischen Schwerpunkten
- Teilnahme an einer Wochenend- oder Ferienakademie
- Zusätzlicher, außerschulischer Privatunterricht
- Teilnahme an einer Exkursion, einem Praktikum oder Wettbewerb

- Beschäftigung mit einem selbst gewählten Thema in einer Lernwerkstatt
- Paralleler Besuch einer Veranstaltung an der Universität

Vgl. dazu Internet-Hinweis www.mi.uni-koeln.de/Schuelerstudenten

In vielen Bundesländern werden seit einigen Jahren Akademien für besonders und hochbegabte Kinder und Jugendliche angeboten.

Beispiel: Kinder- und Jugendakademien am FSG Marbach

Am FSG Marbach finden vier bis fünf Mal im Schuljahr Wochenendakademien mit verschiedenen Workshop-Angeboten statt, die der individuellen Förderung und ganzheitlichen Persönlichkeitsentwicklung besonders begabter Kinder und Jugendlicher dienen.
Experten aus Schule, Universität sowie anderen Institutionen bieten Kurse zu einem breit gefächerten Themenspektrum an: Mathematische Spiele, Musikwerkstatt für junge Komponisten, Meeresbiologie, Astronomie, Schreibwerkstatt für junge Autoren, Architektur-Werkstatt, Philosophie-Kurs und vieles anderes mehr.
In den Workshops steht das entdeckende, forschende und soziale Lernen im Mittelpunkt. Damit soll besonders talentierten Kindern und Jugendlichen aus dem Kindergarten, der Grundschule und den weiterführenden Schulen die Chance eröffnet werden, ihr Potenzial auszuschöpfen und über die schulischen Inhalte hinaus neue Themenbereiche zu erschließen.
Die Akademien sind mit über 200 Teilnehmern pro Wochenende gut besucht und sehr begehrt.
Vgl. www.ingvelde-scholz.de

Impuls für die Unterrichtspraxis
Überlegen Sie, welche der vorgeschlagenen Fördermöglichkeiten für besonders begabte Schüler Sie an Ihrer Schule umsetzen möchten.
Entwickeln Sie – nach Möglichkeit gemeinsam mit anderen Kollegen – Ideen, wie man die betreffenden Schüler finden und fördern könnte.
Stellen Sie Ihre Ideen in der Gesamtlehrerkonferenz vor und versuchen Sie, weitere Mitstreiter für Ihr Vorhaben zu finden.

Schüler mit besonderen Lernschwierigkeiten

Nicht selten haben einzelne Schüler in einem oder mehreren Fächern vorübergehende oder dauerhafte Verhaltens- oder Lernschwierigkeiten, die in unterschiedlichen Bereichen auftreten können, wie z. B.[10]
- Rechenschwäche
- Lese-Rechtschreib-Schwäche (LRS)
- Aufmerksamkeitsdefizit-/Hyperaktivitätsstörungen (ADS/ADHS)
- körperliche Auffälligkeiten oder Behinderungen, z. B. Seh- oder Hörschwierigkeiten
- Störungen des Gefühlslebens, z. B. Depression, Magersucht oder Bulimie
- Motivations- und Aktivitätsschwierigkeiten
- Schwierigkeiten bei der sozialen Integration, z. B. Aggression, Autismus etc.

In der Regel brauchen Schüler mit stark ausgeprägten Verhaltens- oder Lernschwierigkeiten eine individuelle und differenzierte Förderung und Begleitung durch einen dafür ausgebildeten Beratungslehrer oder externen Experten, um ihre Defizite zu beheben.

Impuls für die Unterrichtspraxis

Tauschen Sie sich mit Ihren Kolleginnen und Kollegen darüber aus, in welchen Bereichen in Ihren Klassen verstärkt Verhaltens- und/oder Lernschwierigkeiten auftreten, und versuchen Sie folgende Fragen zu klären:
- Welche schulinternen Beratungs- und Unterstützungsangebote stehen den betroffenen Schülerinnen und Schülern zur Verfügung?
- Welche externen Experten können herangezogen werden (z. B. schulpsychologische Beratungsstellen)?
- Welche externen Fachleute und/oder Institutionen können den Schülern und/oder Eltern weiterempfohlen werden?

Entwickeln Sie zur Entlastung des Kollegiums und im Interesse einer raschen Unterstützung der betroffenen Kinder ein Organigramm und stellen Sie in einem entsprechenden (papiernen und digitalen) Ordner die Kontaktdaten der Ansprechpartner sowie geeignete Materialien und Literaturhinweise zusammen.

Integration oder Segregation?

Einigen Bundesländern und Schulen gelingt es auf überzeugende Weise, Kinder und Jugendliche mit kleinen oder großen Lernproblemen oder Behinderungen gemeinsam mit den anderen Schülern in einer integrativen bzw. inklusiven Schule durch differenzierte Maßnahmen und zusätzliche Fachleute, Förderpädagogen

---

10 Ortner/Ortner (2002)

sowie Sozialpädagogen entsprechend zu unterstützen.[11] Andere Bundesländer und Schulen sehen sich unter den bildungspolitischen Rahmenbedingungen nicht in der Lage, Kinder mit großen Lernschwierigkeiten oder Behinderungen in den Schul- und Unterrichtsalltag zu integrieren. Es würde zu weit führen, diesen komplexen Themenbereich auch nur annähernd zu durchdringen, zumal die bildungspolitischen und schulorganisatorischen Vorgaben der Bundesländer sehr stark voneinander abweichen. Im Interesse der Praktikabilität beschränken wir uns im Folgenden auf Fördermodelle, die in jedem Bundesland an (fast) jeder Schule umgesetzt werden können.

Fördermöglichkeiten für Schüler mit Lernschwierigkeiten
Für Schüler mit Lernschwierigkeiten sind Unterstützungssysteme sinnvoll, die kontinuierlich während des Schuljahres in Anspruch genommen werden können.

Zusätzliche Förderstunden
Viele Schulen haben zu diesem Zweck am Nachmittag außerhalb der Unterrichtszeit sogenannte Förderstunden eingerichtet, in denen geschulte Beratungs- und Fachlehrer den betreffenden Schülern in kleinen Gruppen ein oder mehrere Male pro Woche Hilfe zur Selbsthilfe anbieten.

Grundlage einer erfolgreichen Förderung ist eine individuelle Diagnose (vgl. Kapitel 2), die nicht nur die aktuellen fachlichen Kenntnisse und Fähigkeiten, sondern auch das Arbeitsverhalten, die Lernwege wie auch die personalen und sozialen Kompetenzen der Schüler in den Blick nimmt.

Bereits bei der Diagnose sollte der betreffende Schüler als Hauptakteur seines Lernprozesses intensiv einbezogen werden, indem er z. B. anhand eines Fragebogens (siehe folgende Seite) sein Lernverhalten beobachtet und reflektiert. Dieser ausgefüllte Bogen ist eine gute Grundlage für das anschließende gemeinsame Gespräch, in dem die weiteren Schritte vereinbart werden können. Gemeinsam mit dem betreffenden Schüler klärt der Beratungslehrer des Förderunterrichts im Einzelgespräch, auf welche Ursachen die Lernprobleme vermutlich zurückzuführen sind: Liegt es am uneffektiven Arbeitsverhalten, kann der Schüler sich im Unterricht nicht konzentrieren, hat er gegenüber dem Fach eine starke Abneigung oder Prüfungsangst vor und während der Klassenarbeit?

Nicht selten stellt sich bei dem Gespräch heraus, dass die Probleme gemeinsam gelöst und erste Schritte vereinbart werden können (vgl. Kapitel 2 Lernvereinbarung): Bei manchen Schülern genügt es, die richtige Methode des Vokabellernens einzuüben, andere lernen, einen sinnvollen Zeitplan für ihre Klassenarbeitsvorbereitung zu erstellen.

---

11 Eberwein/Knauer (2002) und Schöler (2009)

Beispiel: SOS-Fragebogen für Schüler mit Problemen in Mathe

Beantworte die folgenden Fragen möglichst ehrlich und ausführlich:

Mathe und Anderes ...
- Was kannst du gut (muss nichts mit Schule zu tun haben)?
- Wie gehst du dabei vor, um erfolgreich zu sein?
- Was machst du in Mathe am liebsten, was besonders ungern?
- Was erwartest du von dir selbst in Mathe?
- Was erwarten deine Eltern?
- Beschreibe, wie dein Arbeitsplatz zu Hause aussieht (ordentlich, laut, leise usw.). Wirst du oft beim Lernen gestört?
- Wie viel Zeit verwendest du am Tag im Schnitt für Hausaufgaben, die Vorbereitung und die Verbesserung einer Klassenarbeit?

Hausaufgaben und Unterricht ...
- Wie kommst du im Unterricht mit?
- Wie bereitest du dich auf die nächste Mathestunde vor?
- Nützt dir die Hausaufgabenbesprechung etwas?
  Verstehst du dabei, was eventuell schief gegangen ist?
- Wie würdest du die Atmosphäre während der Mathestunde beschreiben?
- Traust du dich im Unterricht nachzufragen, wenn du etwas nicht verstanden hast? Wenn nein, warum nicht?
- Wirst du im Unterricht manchmal von etwas oder jemandem abgelenkt? Wenn ja, von was und wem?
- Sind deine Mathestunden häufig »Randstunden« (1., 6. Stunde, nachmittags)?
- Wo sitzt du im Klassenraum während des Matheunterrichts?

Klassenarbeiten
- Beschreibe, wie eine »optimale« Vorbereitung auf eine Klassenarbeit deiner Meinung nach aussehen sollte. Und wie lernst du auf deine Klassenarbeiten?
- Wie geht es dir vor/während/nach der Klassenarbeit?
- Was ist deiner Meinung nach dein Hauptproblem während einer Klassenarbeit?
- (Wie) Verbesserst du deine Klassenarbeiten?

Sonstiges
- Möchtest du sonst noch etwas erwähnen, was in den obigen Fragen nicht zur Sprache kam?

Sommerschule

Einige Schulen bieten Schülern mit Lernproblemen in den Ferien Intensivkurse an, in denen sie ihre Lernrückstände im Einzeltraining binnen kurzer Zeit beheben können.

> **Beispiel: In den Sommerferien miteinander lernen**
>
> Seit einigen Jahren wird am Friedrich-Schiller-Gymnasium in Marbach am Neckar in den Sommerferien eine Sommerschule durchführt:
> Schüler der Klassenstufen 7–11, die in einem Fach die Note 4 oder schlechter haben, bekommen das Angebot, in den ersten oder in den letzten beiden Wochen der Sommerferien jeweils von Montag bis Freitag am Vormittag eine individuelle fachliche Unterstützung in Form von Nachhilfeunterricht in Anspruch zu nehmen.
> Geeignete Oberstufenschüler, die von einem Lehrerteam entsprechend vorbereitet und begleitet werden, helfen den betreffenden Schülern in den Sommerferien, ihre Lernrückstände gezielt zu beheben, um für das darauf folgende Schuljahr eine gute Grundlage zu schaffen.
> Dadurch konnte die Quote der Klassenwiederholungen deutlich reduziert werden.
> Die Sommerschule ist insgesamt sehr erfolgreich und erfreut sich immer größerer Beliebtheit: In den vergangenen Sommerferien haben ca. 200 Schüler teilgenommen.
>
> Vgl. www.fsg-marbach.de (Link »Schulprojekte und AGs/Sommerschule«)

4.3 Leistungshomogenere Lerngruppen

Eine weitere Möglichkeit der äußeren Differenzierung innerhalb einer Schule bietet die teilweise oder vollständige Auflösung des Klassenverbandes in leistungshomogenere Lerngruppen. Auf der Grundlage der Noten oder eines Diagnosetests in einem bestimmten Fach oder mehreren Fächern werden die Schüler in einen sogenannten A-, B- oder C-Kurs eingeteilt. Die Dauer der Zuweisung kann für die jeweilige Unterrichtseinheit, für ein Schulhalbjahr oder für ein ganzes Schuljahr erfolgen.[12] Nach unserer Erfahrung sollte eine statische Einteilung für einen längeren Zeitraum vermieden und ein offenes Verfahren angestrebt werden.

---

12 Wiater (2001)

Beispiel: Temporäre äußere Differenzierung am FSG Marbach

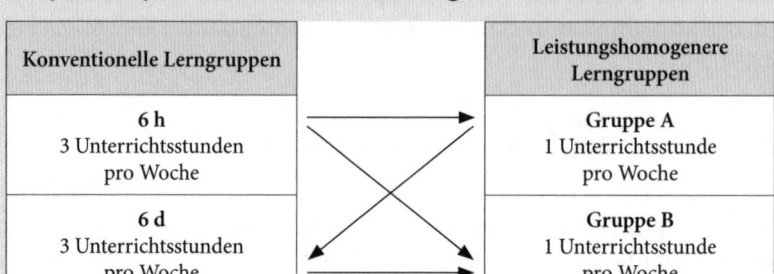

Am Friedrich-Schiller-Gymnasium (FSG) in Marbach am Neckar wird in einigen Hauptfächern das Modell der temporären äußeren Differenzierung mit jeweils zwei Lerngruppen pro Jahrgangsstufe praktiziert. Die betreffenden Klassen haben in dem jeweiligen Hauptfach vier Stunden Unterricht pro Woche:
- In drei Wochenstunden findet der Unterricht in den konventionellen Klassen bzw. Lerngruppen statt.
- In einer Stunde pro Woche, die ausschließlich der Übung, Wiederholung und/oder Vertiefung dient, werden neue, leistungshomogenere Lerngruppen gebildet.
- Grundlage der Einteilung bildet ein Diagnosebogen, mit dem die Stärken und Schwächen der Schüler etwa alle 2 Monate erhoben werden.
- Schüler mit Lernrückständen können einmal pro Woche in der leistungshomogenen Lerngruppe A grundlegende Aspekte der jeweiligen Unterrichtseinheit vertiefen und nacharbeiten, während leistungsstarke Schüler in der Lerngruppe B die Möglichkeit haben, anspruchsvollere Zusatzaufgaben zu bearbeiten.
- Je nach Entwicklung des Lernfortschrittes der Schüler ist ein Wechsel in eine andere Lerngruppe möglich. Denn die differenzierte Förderung wird von allen Beteiligten nicht als statische Zuweisung, sondern als ein dynamischer und flexibler Prozess verstanden.

Voraussetzung für die temporäre äußere Differenzierung in einem Hauptfach ist die gleiche Stundenplanschiene der betreffenden Klassen in mindestens einer Stunde pro Woche. Dies sollte den verantwortlichen Stundenplangestaltern rechtzeitig mitgeteilt werden.

Impuls für die Unterrichtspraxis
Überlegen Sie, ob an Ihrer Schule eine äußere Differenzierung sinnvoll ist.
Falls ja, so sollten Sie zunächst Erfahrungen in einem überschaubaren Rahmen sammeln. Klären Sie mit dem Kollegium folgende Fragen:
- In welcher Klassenstufe und in welchem Fach wollen Sie ein Modell der äußeren Differenzierung erproben?
- Welches Klassenlehrerteam ist dafür geeignet bzw. bereit?
- Welche schulorganisatorischen Rahmenbedingungen müssen im Vorfeld abgesprochen werden (z. B. Stundenplanschiene)?

Stellen Sie Ihr Vorhaben den betreffenden Schülern und Eltern vor und fragen Sie die Beteiligten, ob sie an diesem zeitlich begrenzten Experiment teilnehmen möchten. Werten Sie nach einem vorher vereinbarten Zeitrahmen mit allen Beteiligten die Erfahrungen aus. Überlegen Sie, ob und wie Sie das Modell weiterentwickeln wollen, und vereinbaren Sie die nächsten Schritte.

4.4 Geschlechtshomogene Lerngruppen

Nachdem in der pädagogischen Theorie und Praxis über viele Jahrzehnte eine geschlechtsindifferente Sichtweise vorherrschte, stößt seit den 1970er Jahren die Kategorie des Geschlechts im Kontext von Schule und Unterricht auf immer größeres Interesse.[13] In diesem Zusammenhang wird auch die Frage diskutiert, ob und unter welchen Voraussetzungen Mädchen und Jungen eher gemeinsam oder getrennt unterrichtet werden sollten.

Die jüngsten Entwicklungen und Fragestellungen rühren vor allem daher, dass in der Erziehungswissenschaft zunehmend die Erkenntnisse der Biowissenschaften berücksichtigt werden, deren Anliegen es ist, stärker die geschlechtstypischen Unterschiede in den Fokus zu nehmen.[14]

> Zu den geschlechtstypischen Merkmalen gehören Merkmale, die bei einem Geschlecht im Durchschnitt häufiger und in stärkerer Ausprägung auftreten, aber auch beim anderen Geschlecht vorkommen können. Geschlechtsspezifische Merkmale kommen hingegen nur bei einem Geschlecht vor, z. B. bei der Frau die Schwangerschaft, das Gebären und Stillen, beim Mann das Zeugen eines Kindes.

---
13 Matzner/Wyrobnik (2010)
14 Herrmann (2009); Scheunpflug/Wulf (2006)

Auf den folgenden Seiten werden die wichtigsten geschlechtstypischen Merkmale einander gegenübergestellt.[15]

Geschlechtstypische Merkmale von Jungen und Mädchen

Die folgende tabellarische Gegenüberstellung zeigt lediglich, dass Mädchen und Jungen bzw. Frauen und Männer im statistischen Durchschnitt unterschiedliche Neigungen, Interessen und Begabungen haben bzw. ausbilden, und soll nicht zu neuen stereotypen Deutungsmustern oder gar zu der fälschlichen Annahme führen, dass die genannten Merkmale unveränderlich seien. Vielmehr sei ausdrücklich darauf hingewiesen, dass die Merkmale nicht bei allen Jungen und Mädchen in gleichem Maße auftreten und auf manche Personen nicht zutreffen.

Mädchen/Frauen		Jungen/Männer
Bessere Feinmotorik	**Motorik**	Bessere Grobmotorik
Schwächer ausgeprägt	**Räumlich-abstraktes Vorstellungsvermögen**	Stärker ausgeprägt
Stärker ausgeprägt	**Sprachliche Fähigkeiten**	Schwächer ausgeprägt
Vorliebe für Puppen, Stofftiere und Objekte, die eine pflegerische Aktivität ermöglichen; stärker personenorientierte Interessen und Berufswünsche (Erzieherin, Ärztin, Lehrerin)	**Spielverhalten, Interessen und Berufswünsche in der Kindheit**	Vorliebe für Fußball, Toben, Raufen und technisches Spielzeug; stärker sachorientierte Interessen und Berufswünsche (Formel-1-Rennfahrer, Pilot, Weltraumforscher, Erfinder)
Eher prädikativ (Mädchen wollen Probleme zunächst überschauen und durchdringen, bevor sie mit der Arbeit beginnen)	**Denkstil**	Eher funktional und explorativ (Jungen beginnen sofort damit, etwas auszuprobieren)
ab ca. 3. Lebensjahr Bevorzugung von gleichgeschlechtlichen Zweier- und Dreiergruppen; freundliche, höfliche Bitten, gegenseitiges Fragen; häufiger Blickkontakt; aufmerksames Zuhören; größere Kooperationsbereitschaft; indirekte Aggression (sogenannte Beziehungsaggression), z. B. durch Vermeidung oder Abbruch des Kontakts	**Gruppenwahl und Interaktionsverhalten in der Kindheit und Jugend**	ab ca. 3. Lebensjahr Bevorzugung größerer gleichgeschlechtlicher Gruppen; direkte Forderungen; verstärkt Aufbau von Dominanzhierarchien; Konkurrenzverhalten, das in der Regel binnen kurzer Zeit für stabile Rangordnungen sorgt; eher direkte Aggression

---

15 Bischof-Köhler (2008); Stapf (1993)

Geschlechtshomogene Lerngruppen

Mädchen/Frauen		Jungen/Männer
Eher Unterschätzen der eigenen Fähigkeiten, Entmutigung bei Misserfolgen; ungünstigere Attribuierungen (Erfolge werden eher auf äußere Umstände, Misserfolge auf mangelndes Können oder äußere Umstände zurückgeführt)	**Selbstwertgefühl und Attribuierungen**	Höhere Selbsteinschätzung, Selbstdarstellung und Selbstbehauptung; höhere Frustrationstoleranz; günstigere Attribuierungen (Erfolge werden auf eigenes Können, Misserfolge auf äußere Umstände oder mangelnde Anstrengung zurückgeführt)
Freundlichkeit, niedrigere Risikobereitschaft; höhere Beeinflussbarkeit; interdependente Identitätsbildung; leiseres und ruhigeres Auftreten; höhere Empathiefähigkeit und Vulnerabilität; intensivere Mimik und Gestik; stärkeres Interesse an Personen	**Soziale Verhaltensweisen im Erwachsenenalter**	Größere Hilfsbereitschaft; höhere Risikobereitschaft; independente Identitätsbildung; Wettbewerbsorientiertheit (Konkurrenzverhalten); lauteres und unruhigeres Auftreten; bevorzugt Interesse an Sachproblemen

Die aufgeführten geschlechtstypischen Merkmale sollten von Eltern und Lehrkräften nicht mit Unveränderlichkeit gleichgesetzt werden – mit der Folge, entsprechende pädagogische Bemühungen zu reduzieren oder gar aufzugeben (»Mädchen können kein Mathe«).

Geschlechtsstereotype Erwartungen aufseiten der Eltern und Lehrer können dazu führen, dass Jungen und Mädchen mit dem anderen Geschlecht assoziierte Fähigkeiten nicht entdecken und entfalten können.

Diese Entwicklung ist äußerst kritisch zu beurteilen, zumal die Plastizität männlicher und weiblicher Gehirne die hirnbiologische Voraussetzung dafür bildet, bestehende Geschlechterunterschiede großenteils ausgleichen zu können.[16] Die tabellarische Gegenüberstellung macht freilich verständlich, dass manche geschlechtstypische Verhaltensweisen aufgrund unterschiedlicher Veranlagungen im Durchschnitt leichter gelernt werden und mehr Freude machen, während andere in der Regel schwerer fallen und zu weniger Freude und Zufriedenheit führen.

Impuls zum Nachdenken
Überlegen Sie, welche Mädchen oder Jungen in Ihrer Klasse geschlechtsuntypische Verhaltensweisen und Interessen zeigen. Wie gehen die Mitschüler und Sie damit um? Welche Maßnahmen können Sie ergreifen, um die individuellen Neigungen,

---

16 Strüber (2008)

Fähigkeiten und Bedürfnisse der betreffenden Mädchen und Jungen zu erkennen und zu fördern?

Problembereiche von Jungen und Mädchen
Seit einigen Jahren zeichnet sich im Hinblick auf die schulische Situation der Mädchen und Jungen ein Perspektivwechsel ab: Während seit Mitte der 1980er Jahre der Benachteiligung der Mädchen das Hauptinteresse galt, geraten in den letzten Jahren die Jungen als »Bildungsverlierer« zunehmend in den Blickpunkt.[17]
Jungen ...
- ... werden seltener als Mädchen vorzeitig eingeschult und häufiger später eingeschult;
- ... haben im Durchschnitt schlechtere Schulnoten, machen seltener Abitur und nehmen seltener ein Hochschulstudium auf.[18]
- ... stellen den größeren Anteil der »Sitzenbleiber«. Im Gymnasium gibt es gar doppelt so viele männliche wie weibliche Sitzenbleiber.[19]
- ... erhalten seltener die Bildungsempfehlung für das Gymnasium.
- ... erhalten in allen Fächern auch bei gleicher Leistung in der Regel schlechtere Noten.[20]
- ... gehören häufiger zu den »Schulformabsteigern«.
- ... sind in den Förderschulen gegenüber Mädchen überrepräsentiert, und zwar vor allem im Förderbereich Sprache und noch signifikanter im Förderbereich emotionale und soziale Entwicklung. Im letztgenannten Förderbereich kommt auf sechs Jungen nur ein Mädchen.[21]

Als mögliche Ursache der schulischen Misserfolge von Jungen wird von einigen Fachleuten die zunehmende Feminisierung von Familie, Kindergarten und Schule ins Feld geführt, doch fehlen für diese Annahme bisher eindeutige empirische Belege. Eine aktuelle britische Studie aus dem Jahre 2005 kam zu dem Schluss, dass das Geschlecht der Lehrkräfte keinen signifikanten Einfluss auf die Leistung von Mädchen und Jungen hat.[22] Vorschnelle und monokausale Erklärungen sind in diesem Kontext wenig hilfreich, zumal die genannten Probleme nicht für alle Jungen, sondern lediglich für eine Minderheit zutreffen,[23] die aufgrund mangelnder familiärer und sozioökonomischer Ressourcen oft zusätzlich benachteiligt ist und nicht selten durch weitere Problembereiche auf sich

---

17 Matzner/Wyrobnik (2010)
18 Kasten (2008)
19 Bellenberg (1999)
20 BMBF (2007), 6 und 11.
21 Diefenbach (2008)
22 Carrington/Tymms/Merrell (2005a) und (2005b)
23 Preuss-Lausitz (2008)

aufmerksam macht, wie z. B. Risikoverhalten,[24] Gewalttätigkeit[25] und extensiver Medienkonsum.[26]

Aufgrund der gerade skizzierten Problembereiche der Jungen im schulischen Kontext entsteht in der öffentlichen Diskussion manchmal der Eindruck, dass eine spezielle Förderung der ohnehin schon »privilegierten Mädchen« nicht mehr notwendig sei. Doch der Schein trügt, was anhand spezieller Problembereiche der Mädchen deutlich wird:

- Der prestige- und zukunftsträchtige MINT-Bereich (Mathematik, Informatik, Naturwissenschaft und Technik) scheint in vielen Ländern nach wie vor eine Domäne der Jungen und Männer zu sein. Vor allem in Mathematik und den sogenannten harten Naturwissenschaften (Physik, Chemie) traut sich das weibliche Geschlecht im Durchschnitt deutlich weniger zu als das männliche. Von den Lehrkräften erfahren Mädchen in den MINT-Fächern in Deutschland nur wenig Unterstützung und Zutrauen – mit fatalen Folgen: Initiativen, Mädchen und Frauen an diesen Bereich heranzuführen, führen in der Regel nicht zum Erfolg, was sich in der Kurs- und Berufswahl widerspiegelt. Deutschland schneidet im internationalen Vergleich besonders schlecht ab: In anderen Ländern, wie z. B. in Neuseeland, Island, Lettland, Thailand und der Russischen Föderation sind die Leistungen der Mädchen in den MINT-Fächern besser als die der Jungen.[27]
- Obwohl es genauso viele hochbegabte Mädchen wie Jungen gibt, berichten Beratungsstellen für besonders begabte Kinder einhellig, dass begabte Mädchen bei ihnen seltener untersucht und identifiziert werden. Auch in Schulen mit spezifischen Förderangeboten und Spezialklassen für besonders befähigte Kinder und Jugendliche sowie bei Begabtenförderprogrammen sind Mädchen in der Regel deutlich unterrepräsentiert.[28] Für die betroffenen Mädchen und Frauen kann dies fatale Folgen haben. Da sie auf die Unterforderung im Kindergarten und in der Schule eher mit Anpassung an ihre Umgebung sowie mit Rückzug, Bauch- oder Kopfschmerzen reagieren und viel seltener als hochbegabte Jungen den Schulunterricht verweigern oder stören, verringern sich zusätzlich ihre Chancen, aufzufallen und als hochbegabt identifiziert und angemessen gefördert zu werden. Hinzu kommt, dass Eltern und Lehrkräfte außergewöhnlich hohe Fähigkeiten bei Mädchen und Frauen eher auf Fleiß, Motivation und Anstrengung, nicht jedoch auf eine sehr hohe intellektuelle Begabung zurückführen. Diese und weitere fragwürdige Deutungsmuster der Umgebung können bei besonders befähigten Mädchen und Frauen dazu

---

24 Hinz (2008)
25 Möller (2009)
26 Aufenanger (2008)
27 Jahnke-Klein (2010)
28 Scholz (2008b)

führen, dass die Entfaltung ihres Potenzials erschwert oder gar verhindert wird.[29] Umso wichtiger ist es, den Blick für besonders begabte Mädchen und Frauen zu schärfen und sie in der Schule und im Unterricht angemessen zu fördern und zu fordern.

Impuls zur Vertiefung
Schreiben Sie die Namen der Mädchen auf, die sich in Ihrem Unterricht trotz hoher intellektueller Fähigkeiten eher zurückhalten. Überlegen Sie, wie Sie diese Mädchen stärken, ermutigen und angemessen fordern können.

Konsequenzen für Schule und Unterricht
Eine geschlechtersensible Pädagogik ist sich der geschlechtstypischen Verhaltensweisen und spezifischen Problemstellungen vieler Jungen und Mädchen bewusst, ohne in neue stereotype Deutungsmuster zu verfallen.

Die Lehrkräfte sollten einen aufmerksamen Blick auf geschlechtsbezogene Entwicklungsaufgaben und Erwartungen haben und zu einer differenzierten Gestaltung der schulischen Rahmenbedingungen beitragen, damit Mädchen und Jungen ihre Ressourcen und Stärken finden und weiterentwickeln können.

Pädagogische Angebote und Fördermöglichkeiten für Jungen
Grundsätzlich ist darauf zu achten, dass eine geschlechtersensible Pädagogik für Jungen sich nicht nur an einer bestimmten Minderheit der Jungen orientiert, die vor allem durch geringen Schulerfolg und gewaltbereites Verhalten auf sich aufmerksam macht.[30] Dies könnte dazu führen, dass manche Jungen erst die problematischen Verhaltensweisen entwickeln, die von ihnen erwartet werden.
Folgende Angebote sind für viele Jungen sinnvoll:
- Der Bewegungsdrang vieler Jungen verlangt nach entsprechenden Angeboten: Dazu gehören bei längeren Unterrichtssequenzen entsprechende Bewegungs- und Entspannungsübungen,[31] Pausen mit attraktiven Bewegungsmöglichkeiten, sportliche Wettkampfangebote sowie Körper-, Rauf- und Kampfspiele, bei denen Jungen ihre physische Energie einbringen und sich verausgaben können.[32]
- Erlebnispädagogische Angebote kommen dem Bedürfnis vieler Jungen nach Abenteuer, Kick und Action entgegen.[33] Zudem können die Schüler neben der körperlichen Herausforderung personale und soziale Kompetenzen erwerben

---
29 Stapf (2010)
30 Rohrmann (2008a)
31 Härdt (2000)
32 Wolters (2008)
33 Germscheid (2008)

und weiterentwickeln. Diese Chance sollte auch im Hinblick auf die Gewaltbereitschaft einzelner Jungen unbedingt aufgegriffen werden.
- Im Interesse einer stärkeorientierten Pädagogik sollte die Vorliebe vieler Jungen für Sachen und Objekte, wie z. B. Fahrzeuge und Maschinen, in Schule und Unterricht noch stärker berücksichtigt werden.
- Auch in sprachlichen Fächern empfiehlt es sich, immer wieder Inhalte und Themen zur Auswahl anzubieten, die unterschiedlichen Interessen entgegenkommen. So fühlen sich viele Jungen eher von Themen wie Sport, Technik, Abenteuer und Entdeckungen angesprochen, während viele Mädchen (nicht alle!) an Beziehungs- und Tiergeschichten Gefallen finden.
- Darüber hinaus sollten Schulen vor allem für Jungen, die bereits am Ende der Grundschulzeit im Bereich der Lesekompetenz oft erhebliche Defizite haben,[34] geeignete zusätzliche Lesemöglichkeiten eröffnen, wie z. B. Lesewerkstätten und Lesetagebücher. Insbesondere die Methode des »Silent Reading« scheint für Jungen Erfolg versprechend zu sein.[35]
- Wettbewerbsorientierte Angebote motivieren viele Jungen und spornen sie zu besseren Leistungen an. Daher sollten im Unterricht neben kooperativen Arbeitsformen auch kompetitive Phasen integriert werden.
- Viele Jungen schätzen die Möglichkeit, sich außerhalb des Unterrichts in regelmäßig stattfindenden Jungengruppen, Jungenkonferenzen oder Jungenclubs körperlich zu verausgaben oder sich bei Problemen mit männlichen Ansprechpartnern austauschen zu können.[36]
- Nicht wenige Jungen halten sich für sehr begabt und neigen zur Selbstüberschätzung (s. u.) und sind deshalb der Überzeugung, den schulischen Aufgaben und Anforderungen nicht nachkommen zu müssen. Eine konstruktive Feedback-Kultur durch die Mitschüler und die Lehrkraft sowie ein dialogisches Beurteilungsverfahren kann den betreffenden Jungen zu einem realistischen Selbstkonzept verhelfen (Kapitel 5).

Pädagogische Angebote und Fördermöglichkeiten für Mädchen
- Mädchen haben im Durchschnitt in vielen (nicht in allen!) Ländern ein niedrigeres Selbstvertrauen und ein geringeres Selbstkonzept. Vor allem in den Fächern Mathematik, Chemie, Physik und Sport schätzen sie ihre Fähigkeiten schwächer ein als die Jungen[37] und können deshalb ihr Leistungspotenzial oft nicht ausschöpfen. Diese negative Selbsteinschätzung wird durch das Verhalten vieler Lehrkräfte verstärkt oder auch erst hervorgerufen, die dazu

---
34 Boldt (2998), 145.
35 Rieckmann (2010)
36 Preuss-Lausitz (2008)
37 Ludwig (2010)

tendieren, Mathematik und Physik als männliche Domänen zu stereotypisieren.[38] Lehrer haben diese entmutigende Einstellung teilweise selbst dann, wenn sich durch standardisierte Tests keine Leistungsunterschiede zwischen Mädchen und Jungen nachweisen lassen. Diese missliche Situation kann nur geändert werden, wenn die Lehrer die Bereitschaft aufbringen, ihre fragwürdigen Deutungsmuster wahrzunehmen, kritisch zu hinterfragen und gegebenenfalls zu modifizieren oder gar zu revidieren. Eine entsprechende Fortbildung und Weiterbildung kann einen wichtigen Beitrag dafür leisten, geschlechtsunfaires Lehrerverhalten zu minimieren.[39]
- Damit die Mädchen ihre Fähigkeiten in den MINT-Fächern entdecken und weiterentwickeln, brauchen sie außer dem Zuspruch und der Ermutigung durch die Lehrkraft konkrete Erfolgserlebnisse im Unterricht (z. B. ein erfolgreich durchgeführtes Experiment), ein wertschätzendes und angstfreies Umfeld sowie positive, nachahmenswerte weibliche Vorbilder.[40]
- Besonders befähigten Mädchen und Frauen, die von den Lehrkräften nachweislich seltener erkannt und gefördert werden, sollte stärkere Aufmerksamkeit und Förderung zuteil werden. Die Lehrkräfte müssen entsprechend fortgebildet werden (vgl. Kapitel 6).
- Ebenso wie für die Jungen sollte man für die Mädchen geschlechtshomogene Rückzugsräume außerhalb des Unterrichts eröffnen, wie z. B. regelmäßig stattfindende Mädchengruppen, Mädchenkonferenzen oder Mädchenclubs. Hier können Mädchen sensible Themen besprechen, geschlechtsstereotype Rollenerwartungen kritisch reflektieren und in spielerischen Settings ihr Verhaltensrepertoire sukzessive erweitern.

Impuls für die Unterrichtspraxis
Überlegen Sie – am besten gemeinsam mit Ihren Kolleginnen und Kollegen –, welche der genannten pädagogischen Fördermaßnahmen für Jungen und Mädchen Sie in Ihrer Schule umsetzen können und möchten.
Einigen Sie sich auf den thematischen Bereich, den zeitlichen Rahmen und die personelle Verantwortlichkeit der Fördermaßnahme und halten Sie die Eckpunkte schriftlich fest.
Tauschen Sie sich nach einer angemessenen Zeit über die ersten Erfahrungen aus und entwickeln Sie die Fördermaßnahme weiter.

---

38 Jahnke-Klein (2010)
39 Fischer/Rustemeyer (2007)
40 Jahnke-Klein (2010)

4.5 Monoedukation oder Koedukation?

Unter Monoedukation versteht man einen nach Geschlechtern getrennten Unterricht. Koedukation meint den gemeinsamen Unterricht von Mädchen und Jungen.

Im Zusammenhang mit der geschlechterdifferenzierten Pädagogik wird die Frage nach einem dauerhaft oder zeitweise getrennten Unterricht für Mädchen und Jungen rege diskutiert. In den kontroversen Debatten gewinnt man manchmal den Eindruck, dass die Kategorie des Geschlechts in Schule und Unterricht in unangemessener Weise betont wird und andere wesentliche Aspekte außer Acht gelassen werden: Nach wie vor haben ein guter Unterricht[41] sowie die Erwartungen, Rückmeldungen und Ursachenzuschreibungen der Eltern und Lehrkräfte gegenüber den Erfolgs- und Misserfolgserlebnissen der Schülerinnen und Schüler[42] den weitaus höchsten Einfluss auf die Persönlichkeitsentwicklung und den Schulerfolg der Mädchen und Jungen.

Es besteht weitgehende Einigkeit, dass eine zeitweise Trennung von Jungen und Mädchen in bestimmten Situationen, Bereichen und Fächern förderlich sein kann.

Bei folgenden Rahmenbedingungen und Voraussetzungen sind geschlechtsgetrennte Angebote für Mädchen und Jungen in der Schule sinnvoll:[43]
- In der Schule ist eine geschlechtersensible Grundhaltung verankert.
- Mädchen oder Jungen werden in den geschlechtsheterogenen Kontexten in ihren Entwicklungsmöglichkeiten durch das jeweils andere Geschlecht eingeschränkt.
- Die Kinder oder Jugendlichen äußern das Bedürfnis nach geschlechtshomogenen Aktions-, Schutz- oder Lernräumen.

Für die Praxis ist es sinnvoll, einen geschlechtshomogenen Unterricht situativ zu ermöglichen. Dabei sollten die Lehrkräfte die Schüler in jedem Falle an der Konzeption und Planung beteiligen und die gemachten Erfahrungen in einer koedukativen Reflexionsphase gemeinsam mit den Jungen und Mädchen austauschen und auswerten.[44]

---

41 Helmke (2003); Meyer (2004)
42 Bauer (2007); Ziegler (2002); Ziegler/Broome/Heller (1998)
43 Rohrmann (2008b), 364–365.
44 Rohrmann (2008b)

Einige Pädagogen empfehlen vor allem im Bereich der sozialen Förderung und bei der Unterstützung in der Identitätsfindung eine phasenweise Trennung der Geschlechter.[45] Dafür bieten sich vor allem das Fach Sport und Sexualkunde an. Auch die Kinder und Jugendlichen bevorzugen in den letztgenannten Fächern besonders während der Pubertät eine Geschlechtertrennung.[46]

Viele Fachleute plädieren außerdem dafür, phasenweise in Fächern zu differenzieren, die tendenziell einem bestimmten Geschlecht zugeschrieben werden.[47] So gelten die sprachlichen und musischen Fächer z. B. eher als Mädchen- und die naturwissenschaftlich-technischen Fächer eher als Jungenfächer. Eine behutsam eingeleitete und zeitlich begrenzte Trennung nach Geschlechtern kann sowohl den Mädchen als auch den Jungen einen geschützten Rahmen bieten, in dem sie sich der scheinbaren Überlegenheit des anderen Geschlechts nicht ausgesetzt fühlen und somit eher ihr Potenzial entfalten können:

- Für nicht wenige Mädchen scheint zumindest in den MINT-Fächern (Mathematik, Informatik, Naturwissenschaften, Technik) die temporäre Geschlechtertrennung zu einer höheren Motivation und zu besseren Leistungen zu führen.[48] Denn durch die Abwesenheit der Jungen können viele Mädchen ihre Potenziale entdecken und ungestört entfalten.
- Für einige Jungen könnte ein zeitweise getrennter Unterricht in den sprachlichen Fächern eine neue Lernchance darstellen. So tun sich manche Jungen z. B. in den modernen Fremdsprachen mit der Aussprache etwas schwerer, was – vor allem in der Pubertät – nicht selten mit Minderwertigkeitsgefühlen gegenüber den im Durchschnitt sprachbegabteren Mädchen einhergeht. Möglicherweise trauen sich die Jungen mehr zu, wenn sie »unter sich« sind und dem Konkurrenzdruck der Mädchen nicht ausgesetzt werden.

Impuls für die Unterrichtspraxis
Überlegen Sie, ob in Ihrem Fach phasenweise eine Geschlechtertrennung sinnvoll sein könnte, und erproben Sie gegebenenfalls eine zeitweise Trennung der Lerngruppen nach Geschlechtern.
Tauschen Sie sich gemeinsam mit den Schülerinnen und Schülern über die Erfahrungen aus und halten Sie Vor- und Nachteile fest.

---

45 Vgl. Kessels (2007); anders Ludwig (2010)
46 Portmann (1999)
47 Boldt (2008)
48 Boldt (2008)

4.6 Mädchen- und Jungenschulen?

Nur wenige Pädagogen schlagen die Monoedukation als Vollversion vor und plädieren für Mädchen- bzw. Jungenschulen. Sie begründen diese Geschlechterisolierung mit Untersuchungen in den 1980er Jahren, denen zufolge die Schülerinnen und Schüler in Mädchen- bzw. Jungenschulen mehr Selbstvertrauen wie auch höhere Leistungen als in koedukativen Schulen zeigen würden. Diese These wurde inzwischen durch zahlreiche differenzierende Untersuchungen widerlegt, da die genannten Vorteile monoedukativer Schulen mit sehr großer Wahrscheinlichkeit auf günstigere Rahmenbedingungen zurückzuführen sind, die vor allem durch die positive Auslese der Schüler gegeben sind.[49]

Die Mehrheit der Fachleute spricht sich daher gegen einen dauerhaft geschlechtsgetrennten Unterricht aus, da sich in geschlechtshomogenen Gruppen auf Dauer einseitige Interaktions- und Kommunikationsstrukturen herausbilden können. Zudem haben dauerhaft gleichgeschlechtliche Gruppen oft eine stark normierende Funktion, sodass sie die Entfaltung individueller und geschlechtsuntypischer Interessen, Neigungen und Fähigkeiten behindern.[50]

> Pädagogen sollten Normierungszwängen gezielt entgegenwirken, die durch stereotype Erwartungshaltungen der Erwachsenen und Peergruppen auf Kinder und Jugendliche ausgeübt werden können, indem sie abweichende und geschlechtsuntypische Verhaltensweisen einzelner Mädchen und Jungen ausdrücklich akzeptieren oder auf spielerische Weise herausfordern.[51] Dies führt bei allen Beteiligten zu Offenheit, Gelassenheit und Flexibilität – eine gute Basis für eine positive Persönlichkeitsentwicklung und ein gutes soziales Miteinander.

4.7 Geschlechtersensible Koedukation

> Das Konzept der geschlechtersensiblen Koedukation stellt Lehrkräfte vor die Aufgabe, Jungen und Mädchen im gemeinsamen Unterricht entsprechend ihren individuellen Voraussetzungen und Interessen zu fördern und zugleich die Geschlechterverhältnisse und geschlechtsstereotype Rollenerwartungen bei sich selbst wie auch aufseiten der Schülerinnen und Schüler wahrzunehmen, kritisch zu hinterfragen und zu entdramatisieren.

---

49 Ludwig (2010)
50 Rohrmann (2008b)
51 Rohrmann (2008a)

Um die Schülerinnen und Schüler für die Reflexion von Geschlechterverhältnissen und Geschlechterrollen wie auch für einen geschlechtsbewussten Umgang zu gewinnen, sollte man im Unterricht einen humorvollen und behutsamen Einstieg wählen, der Distanz ermöglicht. Denn ein Teil der Jungen und Mädchen rüstet bei allzu direkten Fragen zur Geschlechterthematik innerlich auf, reagiert mit hoher Anspannung oder zieht sich gänzlich zurück. Als »Eisbrecher« zum Einstieg in die Thematik sind witzige Cartoons zum Geschlechterverhältnis geeignet, die in aller Regel zu einer entspannten Atmosphäre beitragen und in ein offenes Gespräch münden.

Danach können die Jungen und Mädchen für ihre eigenen Interessen und Bedürfnisse sensibilisiert werden. Dafür hat es sich bewährt, die Lerngruppe in Mädchen- und Jungengruppen aufzuteilen und ihnen folgende Aufgaben zur Auswahl zu stellen, von der sie eine bearbeiten sollen:
- Gestaltet eine Collage von eurer Traumschule, in der ihr euch als Mädchen oder als Jungen rundum wohlfühlen würdet.
- Die Mädchengruppen erstellen ein Plakat zum Thema »Was uns an Jungen gefällt und was uns an ihnen nicht gefällt«. Die Jungengruppen erstellen ein Plakat zum Thema »Was uns an Mädchen gefällt und was uns an ihnen nicht gefällt«.

Anschließend können die Jungen- und Mädchengruppen ihre Ergebnisse vorstellen und diskutieren.

Exemplarisch soll ein Beispiel aus dem Unterricht vorgestellt werden.

Beispiel: Plakat einer Jungengruppe (7. Klasse)

Was uns Jungen an den Mädchen gefällt
- Mädchen denken immer einen Schritt voraus (auch wenn sie es nicht immer brauchen).
- Mädchen fühlen mit jedem mit.
- Mädchen sind sehr hilfsbereit.
- Mädchen halten zusammen.
- Mädchen sind gut in der Schule.

Was uns Jungen an den Mädchen nicht gefällt
- Mädchen fühlen sich ständig zu dick.
- Mädchen stehen auf teure Schuhe und teure Klamotten.
- Mädchen sagen nicht offen, was sie denken, sondern reden hintenrum.
- Mädchen lästern über Jungs und Lehrer/-innen.
- Mädchen lesen ständig Bravo-Zeitschriften.

- Mädchen chatten viel zu viel.
- Mädchen sind technisch unbegabt.
- Mädchen stehen nur auf sportliche Jungs.

Nicht selten äußern Schülerinnen und Schüler in diesem Kontext den Wunsch, dass sich bestimmte Verhaltensweisen der Jungen oder Mädchen oder auch der Lehrkräfte im Interesse einer Gleichberechtigung der Geschlechter ändern sollen. Wenn dieser Wunsch mit der Bereitschaft einhergeht, gemeinsam an einem besseren Miteinander zu arbeiten, kann ein langfristiger Prozess angebahnt werden, der durch eine entsprechende Übung initiiert, begleitet und visualisiert wird.

Übung zu einem guten Miteinander von Mädchen und Jungen

Wenn ihr als Jungen und Mädchen fair miteinander umgehen wollt, müsst ihr lernen, die Wünsche und Ängste der anderen zu verstehen.

Bereitet in eurem Klassenzimmer eine Pinnwand vor, an die ihr grüne und rote Karten hängt.
- Schreibt auf die grünen Karten, was euch am Umgang der Mädchen mit den Jungen bzw. umgekehrt gefällt.
- Schreibt auf die roten Karten, was euch am Umgang der Jungen mit den Mädchen bzw. umgekehrt nicht gefällt.

Tauscht euch im Klassengespräch über eure Äußerungen auf den grünen und roten Karten aus. Überlegt, wie ihr euer Miteinander verbessern könnt, und vereinbart konkrete Ziele, an denen ihr in der nächsten Woche arbeitet.

Tauscht nach einer Woche eure Erfahrungen und Eindrücke aus:
- Wenn sich etwas verbessert hat, könnt ihr die betreffenden roten Karten von der Pinnwand abnehmen und neue grüne Karten ergänzen.
- Wenn ihr neue Kritik und Verbesserungsvorschläge habt, schreibt sie auf die roten Karten und hängt diese an die Pinnwand.

Arbeitet daran, dass möglichst viele rote Karten von der Pinnwand verschwinden und immer mehr grüne Karten an die Pinnwand geheftet werden können.
Wenn ihr mit eurem Miteinander zufrieden seid, könnt ihr euren Erfolg mit einem Klassenfest oder einem Ausflug feiern.

Literatur

- *Knauer (2008):* Auf der Grundlage einer kritischen Revision des Behinderungsbegriffs entwickelt die Autorin Grundzüge einer neuen Integrationspädagogik mit unterschiedlichen Formen des Förderbedarfs.
- *Matzner/Wyrobnik (2010):* Handbuch zur Mädchen-Pädagogik
- *Matzner/Tischner (2008):* Handbuch zur Jungen-Pädagogik
- *Oelkers (2006):* Die Gesamtschule nach skandinavischem Vorbild konnte sich in den letzten zweihundert Jahren in Deutschland nicht durchsetzen. Die Folge davon ist, dass die Alternative nur zwischen einem gegliederten Schulsystem oder einer »Einheitsschule« gesehen wird. Oelkers sieht in diesem Dualismus einen Irrweg und stellt stattdessen mit seinem Strukturmodell neue Verfahrensweisen und Organisationsformen vor, die auf Systementwicklung abzielen.
- *Scholz/Offermann (2010):* Ein Autorenteam von Lehrkräften, Eltern und Schülern des Friedrich-Schiller-Gymnasiums in Marbach am Neckar stellt vielfältige erprobte und bewährte Praxisbeispiele der inneren und äußeren Differenzierung vor.
- www.schularten-infos.de/

5. Differenzierte Leistungsbeurteilung

In den vorangegangenen Kapiteln wurde gezeigt, dass differenzierte Lernarrangements den individuellen Voraussetzungen und Fähigkeiten der Schüler in besonderer Weise entgegenkommen und ihnen die Chance einer umfassenden Lern- und Persönlichkeitsentwicklung bieten. Doch die Leistungsbeurteilung hat mit dieser Entwicklung nicht Schritt gehalten, sondern erschöpft sich vielerorts noch in der bloßen Feststellung des Leistungsstandes in Form einer Ziffernnote. Nur selten sind die Schüler auf der Grundlage der Leistungsrückmeldung in der Lage, zu erkennen, was sie können bzw. nicht können und wie es ihnen in Zukunft gelingt, vorhandene Fähigkeiten auszubauen und Schwächen zu beheben. Diese Lücke möchte das vorliegende Kapitel schließen, indem zunächst grundlegende Aspekte eines kompetenzorientierten und differenzierten Leistungsbegriffes aufgezeigt werden. Anschließend werden praxiserprobte Möglichkeiten der differenzierten und prozessorientierten Leistungsrückmeldung vorgestellt.

5.1 Bildungspolitischer Kontext

Die Einbeziehung differenzierter Lernangebote in Schule und Unterricht und die sukzessive Ergänzung des traditionellen Lern- und Leistungsbegriffs hängen eng mit gesellschaftlichen und bildungspolitischen Faktoren zusammen. Die Klagen der Ausbildungsinstitutionen über zu geringe Kompetenzen der Schulabgänger wurden in den letzten Jahren vor allem vor dem Hintergrund der Ergebnisse von TIMSS und PISA immer lauter. Die Arbeitswelt erwartet von den Schulabsolventen, dass sie in der Lage sind, anstehende Frage- und Problemstellungen selbstständig und in Kooperation mit anderen Menschen oder Institutionen erfolgreich und zum Wohle der Gemeinschaft und Gesellschaft zu bearbeiten und bei eventuell auftretenden Schwierigkeiten angemessen und flexibel zu reagieren.

5.2 Kompetenzorientierter Leistungsbegriff

Wurden Lernen und Leistung im schulischen Rahmen in der Vergangenheit vor allem mit inhaltlichen und fachlichen Aspekten verknüpft, zeigt sich in jüngster Zeit zunehmend ein differenzierter und kompetenzorientierter Ansatz: Neben den inhaltlich-fachlichen Kompetenzen gilt es, den Schülern auch methodische, personale und soziale Kompetenzen zu vermitteln (vgl. auch Kap. 1.3). Dazu bedarf es entsprechender Unterrichtsangebote, die sich an den individuellen Interessen und Fähigkeiten der Kinder und Jugendlichen orientieren und einen Prozess selbstständigen wie auch kooperativen Lernens ermöglichen. Zugleich müssen die jungen Menschen in Schule und Unterricht die Chance erhalten, in Einzel-, Partner- oder Teamarbeit ihre Persönlichkeit in einem umfassenden Sinne weiterzuentwickeln und sich konstruktiv mit Andersdenkenden auseinander zu setzen.

> Die Leistungsbeurteilung hat mit der differenzierten und kompetenzorientierten Lernkultur nicht Schritt gehalten, sondern blieb weitgehend unverändert. Dies verwundert umso mehr, als differenzierte Schülerleistungen nicht ausreichend mit den Instrumenten und Formen der traditionellen Leistungsbeurteilung erfasst und gewürdigt werden können.

Während die inhaltlich-fachlichen Lernbereiche nach wie vor durch traditionelle Beurteilungsformen wie Klassenarbeiten, Kurztests und mündliche Noten bewertet werden können und sollen, bedarf es für die methodischen, sozialen und personalen Lernbereiche neuer Formen der Leistungsbeurteilung.

> Mit einer erweiterten Leistungsbeurteilung wird den Schülern die Chance einer umfassenden Lern- und Persönlichkeitsentwicklung eröffnet. Umgekehrt kann diese Chance auch vertan werden, wenn die Schulen für einen erfolgreichen Schulabschluss fast ausschließlich inhaltlich-fachliche Kompetenzen zugrunde legen.

Die Frage, welche Bereiche und welche Formen bei der Leistungsbeurteilung eine Rolle spielen, führen aufseiten der Schüler zu verstärkten Anstrengungen in eben jenen Bereichen. Den rückwirkenden Einfluss der Leistungsrückmeldung auf eine umfassende Persönlichkeitsentwicklung der Schüler kann man daher gar nicht hoch genug einschätzen.

Impuls zum Nachdenken
Notieren Sie sich stichwortartig, welche Kompetenzbereiche Sie im Rahmen der Leistungsbeurteilung vor allem berücksichtigen.
Gelingt es Ihnen, auch die methodischen, personalen und sozialen Fähigkeiten in die Leistungsbeurteilung einzubeziehen? Falls ja, wie?

Traditionelle und kompetenzorientierte Leistungsbeurteilung
Im Folgenden soll die traditionelle Leistungsbeurteilung der kompetenzorientierten und differenzierten Leistungsbeurteilung anhand einer tabellarischen

Übersicht gegenübergestellt werden. Die Unterschiede mögen an der einen oder anderen Stelle etwas überzeichnet wirken, schärfen jedoch den Blick dafür, welche Aspekte künftig stärker berücksichtigt werden sollten.

Traditionelle Leistungsbeurteilung	Kompetenzorientierte Leistungsbeurteilung
Inhalts- und fachorientierter Leistungsbegriff: Konzentration auf den Erwerb und die Anwendung fachspezifischer Fähigkeiten und Fertigkeiten	Ganzheitlicher Leistungsbegriff: Ergänzung der fachlichen Kompetenzen durch die Berücksichtigung der methodischen, personalen und sozialen Kompetenzen im Sinne einer umfassenden Handlungskompetenz
Schwerpunkt auf individuell erbrachten Schülerleistungen	Einbeziehung von kooperativ erbrachten Schülerleistungen
Im Mittelpunkt ergebnisorientierter Leistungsbegriff	Ergebnis- und prozessorientierter Leistungsbegriff
In der Regel gleiche Aufgabenstellungen für alle Schüler einer Klasse	Ergänzung durch individuelle und differenzierte Aufgabenstellungen
Im Mittelpunkt unter Aufsicht der Lehrkraft erbrachte Schülerleistungen	Stärkere Berücksichtigung von Schülerleistungen, die ohne Aufsicht des Lehrers erbracht wurden
Begleitung und Rückmeldung der Schülerleistungen fast immer durch den Lehrer	Gelegentliche Erweiterung der Lehrerbeurteilung durch Selbstbeurteilungen der Schüler sowie Einbeziehung der Rückmeldungen von den Mitschülern
Vor allem abstrakte Leistungsfeststellungen in Form einer Ziffernnote	Ergänzung durch inhaltlich differenzierte Leistungsbeschreibungen mit Hinweisen für den weiteren Lernprozess

Impuls zur Vertiefung
Machen Sie sich darüber Gedanken, inwiefern sich bei der kompetenzorientierten Leistungsbeurteilung die Einstellung der Lehrer zu seinen Schülern und umgekehrt ändert.

Der kompetenzorientierte und differenzierte Lern- und Leistungsbegriff birgt ein großes Potenzial für den Lernprozess und die Persönlichkeitsentwicklung der Schüler, da zusätzlich zu den punktuellen Leistungsüberprüfungen auch länger andauernde individuelle und kooperative Arbeitsprozesse innerhalb und außerhalb des Unterrichts einfließen können.

5.3 Bezugsnorm der Leistungsbeurteilung

Die schulische Leistungsbeurteilung steht im Spannungsfeld zwischen den Vorgaben des Bildungsplanes, den Ansprüchen der Gesellschaft und den individuellen Voraussetzungen und Bedürfnissen der Schüler, was an folgendem Schaubild deutlich wird:

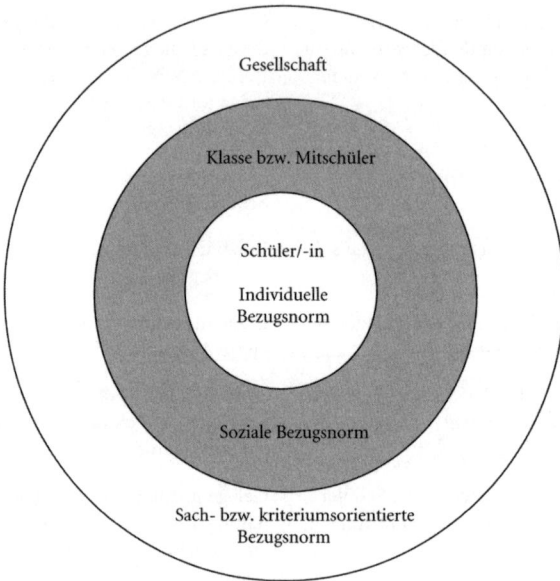

Bei der *kriteriums- bzw. sachorientierten Bezugsnorm* werden die Leistungen eines Schülers an den jeweiligen Kompetenzzielen des Bildungsplanes gemessen und münden in der Regel in eine Bewertung, auf deren Grundlage schulische und berufliche Laufbahnentscheidungen sowie Schul- und Ausbildungszuweisungen vorgenommen werden können (Selektionsfunktion). Auf die Problematik der Zensurengebung als Instrument der Leistungsbeurteilung kann an dieser Stelle nicht eingegangen werden. Dem interessierten Leser sei die einschlägige Literatur empfohlen.[1]

Bei der *sozialen Bezugsnorm* wird die Leistung eines Schülers im Vergleich zu den Leistungen seiner Mitschüler beschrieben. Das Problem besteht darin, dass Leistungsbewertungen in verschiedenen Schulklassen nur selten vergleichbar sind.[2] Denn ein Schüler mit mittelmäßigen Leistungen erhält in einer Klasse von Schülern mit überwiegend schwachen Leistungen in aller Regel eine bessere Bewertung als in einer Klasse, in der die Mehrheit der Schüler gute Leistungen zeigt.

---

1 Jürgens/Sacher (2000)
2 Scholz/Weber (2010)

Bei der *individuellen Bezugsnorm* werden die Leistungen des einzelnen Schülers an seinen individuellen Voraussetzungen und Fähigkeiten sowie an seinen bisherigen Lernleistungen gemessen. Gut ist demzufolge eine Leistung, die einen Lernfortschritt des betreffenden Schülers oder gleichbleibend gute Leistungen erkennen lässt. Die individuelle Bezugsnorm wird im Allgemeinen nicht für die Erteilung von Noten, sondern für verbale Beurteilungen verwendet und nimmt im Rahmen der differenzierten Rückmeldung einen wichtigen Stellenwert ein; für die Persönlichkeitsentwicklung und den Lernprozess der Schüler bildet die individuelle Bezugsnorm eine wesentliche Grundlage.

Eine kompetenzorientierte und differenzierte Leistungsbeurteilung versucht sich nicht nur den Anforderungen des Bildungsplanes und der Gesellschaft gerecht zu werden, sondern nimmt verstärkt die individuellen Voraussetzungen und Bedürfnisse der Schüler in den Blick.

Impuls zum Nachdenken
Versetzen Sie sich in die Zeit zurück, als Sie Schüler waren.
Hatten Sie einen Lehrer, der bei der Leistungsbeurteilung die individuelle Bezugsnorm zugrunde gelegt hat? Falls ja, wie hat das auf sie gewirkt? Falls nicht, was hätte es bei Ihnen bewirken können?

5.4 Mögliche Stolpersteine

Bei der Beurteilung von Schülerleistungen können Lehrern verschiedene Beurteilungsfehler unterlaufen, die in der Fachliteratur eingehend analysiert und systematisiert und in Kapitel 2 näher erläutert wurden, wie z. B. Milde- und Strengefehler, Tendenz zur Mitte oder zu Extremurteilen, Haloeffekt etc.[3]

Ferner sei darauf hingewiesen, dass die Erwartungen des Lehrers an seine Schüler sowie die Attribuierungsprozesse, mit denen das Erreichen bzw. Nichterreichen von Leistungen begründet wird, einen erheblichen Einfluss auf den Lernerfolg und das Leistungsverhalten der Schüler ausüben können.[4]

Der Lehrer sollte bei der Leistungsbeurteilung bereit sein, seine impliziten Persönlichkeits- und Alltagstheorien auf den Prüfstand zu stellen und gegebenenfalls zu modifizieren oder zu ergänzen. Eine kritische Reflexion kann am ehesten durch einen Austausch mit den Kollegen sowie durch einen Dialog mit den Schülern erfolgen (vgl. auch Kapitel 6).

---

3 Jürgens/Sacher (2000), 38–53.
4 Jürgens/Sacher (2000), 44–50.

5.5 Perspektiven

Im Sinne der kompetenzorientierten und differenzierten Förderung aller Schüler muss der traditionelle Leistungsbegriff ergänzt werden.

Impuls für die Unterrichtspraxis
Wählen Sie aus der folgenden Liste zwei bis drei Punkte aus, auf die Sie sich in den nächsten Wochen konzentrieren möchten. Überlegen Sie, wie Sie die ausgewählten Punkte in Ihrem Unterricht umsetzen können.

Die wichtigsten Perspektiven eines erweiterten Leistungsbegriffs seien im Folgenden genannt:
- *Eine vertrauensvolle Interaktion fördert die Leistungsbereitschaft*: Soziale Anerkennung, persönliche Wertschätzung sowie angemessene und transparente Leistungsanforderungen sind entscheidende Voraussetzungen für die Motivation, die Leistungsbereitschaft und den Lernerfolg der Schüler.[5]
- *Eine optimale Passung erhöht den Lernerfolg und fördert die Persönlichkeitsentwicklung*: Günstig ist es, wenn der Lehrer den Schülern differenzierte Aufgaben, Materialien und Lernwege zur Auswahl stellt, die den individuellen Bedürfnissen und Fähigkeiten der einzelnen Schüler gerecht werden und nach Möglichkeit für jeden ein passendes Angebot bereitstellen. Gerade bei komplexen Aufgaben empfiehlt es sich, den Schülern im Hinblick auf ihr unterschiedliches Leistungsvermögen leistungsdifferenzierte Angebote zu machen. Denn häufige Unterforderung führt zu Langeweile, deutliche Überforderung zu Misserfolgen und Lernunwilligkeit.
- *Eine fehlerfreundliche Lernkultur braucht auch beurteilungsfreie Zeiten*: Um Kindern und Jugendlichen die Chance zu eröffnen, aus ihren Fehlern zu lernen und neue Wege ohne das Risiko einer schlechten Bewertung zu erproben, sollten Lehrer immer wieder beurteilungs- und notenfreie Lernzeiten zulassen und dies den Schüler auch offen mitteilen.[6] Denn Leistungs- und Notendruck lösen bei einigen Kindern und Jugendlichen Versagensängste aus, die nicht selten zu Denkblockaden führen[7] und damit die Entwicklungsmöglichkeiten und den Lernerfolg erheblich beeinträchtigen können. In einer Lernsituation spielt der Umgang mit Fehlern eine zentrale Rolle, Leistungssituationen sind hingegen so angelegt, dass Fehler vermieden werden sollen. Beide Situationen sollten deutlich unterschieden werden und in einem entsprechenden Rahmen stattfinden.

---

5 Bauer (2007); Hüther (2006)
6 Jürgens/Sacher (2000), 36–37.
7 Spitzer (2002), 161–164.

- *Eine differenzierte Diagnose eröffnet Perspektiven für den weiteren Entwicklungs- und Lernprozess:* Die ausschließliche Leistungsbeurteilung in Form von Ziffernnoten gibt dem Schüler wenig Auskunft über seine Stärken und Schwächen und eröffnet ihm kaum Perspektiven für seinen weiteren Lernweg. In Ergänzung zum traditionellen Beurteilungsverfahren sollte deshalb eine differenzierte Diagnose angestrebt werden, anhand derer die Schüler im Interesse ihres weiteren Lernprozesses eine individuelle Rückmeldung erhalten, was sie bereits gelernt haben und woran sie noch arbeiten sollten.
- *Leistung ist produkt- und prozessorientiert:* Während bei der traditionellen Leistungsbewertung fast ausschließlich die Ergebnisse beurteilt wurden, geraten in den letzten Jahren zunehmend der Arbeitsprozess und der Lernweg der Schüler in den Blick, um auch die methodischen, sozialen und personalen Fähigkeiten angemessen zu würdigen und zu fördern. Lehrkräfte sind daher aufgefordert, durch geschickte Lernarrangements den Schülern die Chance zu bieten, solch umfassende Fähigkeiten zu erwerben bzw. weiterzuentwickeln.
- *Eine prozessorientierte Leistungsbeurteilung erfolgt im Dialog mit den Schülern:* Die alternativen Schülerleistungen, wie z. B. Haus- oder Projektarbeit, werden zum großen Teil außerhalb der Unterrichtszeit erbracht und entziehen sich damit weitgehend der Beobachtung und Kontrolle durch die Lehrkraft. Trotzdem soll der Lehrer in die abschließende Beurteilung nicht nur das am Ende vorliegende Ergebnis, sondern auch die überfachlichen Fähigkeiten einfließen lassen, welche die Schüler während des Arbeitsprozesses gezeigt haben. Daher ist ein Lehrer gut beraten, seine eigene Einschätzung mit der Selbstwahrnehmung der Schüler sowie gegebenenfalls mit der Rückmeldung der beteiligten Mitschüler (z. B. im Rahmen einer Gruppenarbeit) abzugleichen. Auf diese Weise können sich Fremd- und Selbstbeurteilung sinnvoll ergänzen und in einen fruchtbaren Dialog über die nächsten Schritte münden.

5.6 Umsetzung in der Beurteilungspraxis

Im Folgenden soll anhand unterschiedlicher Schülerleistungen gezeigt werden, mit welchen Instrumenten die genannten Perspektiven einer kompetenzorientierten und differenzierten Leistungsbeurteilung in die Unterrichtspraxis umgesetzt werden können.

Impuls zur Vertiefung
Überlegen Sie während der Lektüre von Kapitel 5.6, welchen Bereich der Schülerleistungen Sie in Ihrer Beurteilungspraxis weiterentwickeln wollen (schriftliche, mündliche oder alternative Schülerleistungen). Welche Anregungen möchten Sie aufgreifen und in bzw. mit Ihrer Klasse umsetzen?

Schriftliche Schülerleistungen

Bei der Erhebung und Beurteilung traditioneller schriftlicher Schülerleistungen, wie z. B. Diktat, Nacherzählung etc. liegt der Schwerpunkt in der Regel auf dem inhaltlich-fachlichen und methodischen Kompetenzbereich.

Schriftliche Schülerarbeiten sollten vom Lehrer nicht nur sorgfältig diagnostiziert und beurteilt werden, sondern auch als pädagogisches Steuerungsinstrument für den weiteren Lernprozess des Schülers genutzt werden. Hilfreich ist z. B. ein Diagnosebogen, der die Schwerpunkte der schriftlichen Arbeit benennt und ein Raster bietet, um die Schülerleistungen differenziert und individuell einzuschätzen.

Beispiel: Diagnosebogen für ein Diktat

Du hast in der letzten Deutschstunde ein Diktat geschrieben, um zu schauen, wie fit du in der Rechtschreibung bist. Schau dir dein Diktat und meine Hinweise noch einmal in Ruhe an.
Überlege, was du schon kannst und was deine nächsten Ziele sind, bei denen ich dich gerne unterstütze.

Ich habe ...	Immer	Meist	Eher nicht	Selten/ Nie
... sauber und leserlich geschrieben.				
... alle Wörter richtig geschrieben.				
... die Groß- und Kleinschreibung beachtet.				
... die Satzzeichen richtig verwendet.				

Das kann ich gut:
_____
_____

Das will ich noch üben:
_____
_____

Den dialogischen Diagnosebogen kann der Lehrer dem Schüler zusammen mit einem korrigierten Diktat geben.
Die Aufgabe des Schülers besteht darin, anhand der Korrektur des Lehrers sowie mithilfe des Diagnosebogens seinen individuellen Kenntnisstand zu

reflektieren, indem er mit blauer oder schwarzer Farbe in das entsprechende Kästchen sein Kreuz setzt. Darüber hinaus soll er sich für seinen weiteren Lernprozess ein oder mehrere möglichst konkrete Ziele setzen. Anschließend gibt er dem Lehrer den ausgefüllten Diagnosebogen zurück, damit dieser die Einschätzung des Schülers mit seiner eigenen Wahrnehmung abgleichen kann:
- Stimmen Selbst- und Fremdwahrnehmung überein, braucht der Lehrer dies nicht weiter kenntlich zu machen.
- Schätzt der Lehrer die Leistung des Schülers besser ein, setzt er neben das Schülerkreuz ein grünes Lehrerkreuz.
- Schätzt der Lehrer die Schülerleistung schlechter ein, kennzeichnet er dies in dem betreffenden Kästchen mit einem roten Kreuz.

Anschließend erhält der Schüler den Beurteilungsbogen vom Lehrer zurück.

Bei Bedarf sollte dieser schriftliche Dialog in ein persönliches Gespräch münden, in dem sich Lehrer und Schüler über ihre Wahrnehmung austauschen und gemeinsam überlegen können, wie der weitere Lernprozess erfolgreich gestaltet werden kann. In einzelnen Fällen bietet es sich an, eine Lernvereinbarung zu treffen (vgl. Kapitel 2).

Mündliche Schülerleistungen
Bei der Beurteilung mündlicher Schülerleistungen im Unterricht kann man dem erweiterten Lern- und Leistungsbegriff in besonderer Weise gerecht werden, indem neben den inhaltlich-fachlichen und methodischen auch die personalen Kompetenzen angemessen berücksichtigt werden.

Beispiel: Beurteilung der kontinuierlichen mündlichen Schülerleistungen im Unterricht einer 4. Klasse
Folgende Kompetenzen können zugrunde gelegt werden:
- *Inhaltlich-fachliche Kompetenzen:* Fachwissen haben und anwenden, Zusammenhänge erkennen, begründet Stellung nehmen etc.
- *Methodische Kompetenzen:* Ordnung halten, sach- und situationsgerecht mit den Arbeitsmaterialien umgehen, sich die Zeit sinnvoll einteilen, nachschlagen, exzerpieren, präsentieren etc.
- *Personale Kompetenzen:* aktiv im Unterricht mitarbeiten, Leistungsbereitschaft und Durchhaltevermögen zeigen, gestellte Aufgaben regelmäßig und sorgfältig erledigen u. a.
- *Soziale Kompetenzen:* durch Nachfragen oder Hilfestellungen am Lernerfolg anderer mitwirken, einfühlsam die Bedürfnisse anderer wahrnehmen, zuhören, integrieren, kooperieren usw.

Die Berücksichtigung des Arbeits- und Lernverhaltens im Rahmen der mündlichen Mitarbeit im Unterricht zeigt den Schülern, dass bestimmte Kompetenzen (z. B. Ausdauer) eine unbedingte Voraussetzung für erfolgreiches Arbeiten und eine umfassende Handlungskompetenz sind. Über die genannten Kompetenzen sollte im Interesse der Transparenz und Akzeptanz ein Dialog mit den Schülern angestrebt werden, der auch bei der Leistungsbeurteilung fortgeführt wird. Damit reflektieren die Schüler ihre Leistungen und übernehmen Verantwortung für ihren Lernweg.

Beispiel: Beurteilungsbogen für die mündliche Mitarbeit

Liebe Schülerin, lieber Schüler,
du erhältst einen Beurteilungsbogen für deine mündliche Mitarbeit im Unterricht. Versuche dich möglichst ehrlich einzuschätzen und setze in das betreffende Kästchen ein blaues Kreuz.

Ich habe …	Immer	Meist	Eher nicht	Selten/Nie
Ich habe mitgearbeitet und mich am Unterrichtsgespräch beteiligt.				
Ich habe wichtige Fragen gestellt und gute Ideen eingebracht.				
Ich bin auf die Beiträge meiner Mitschüler eingegangen.				
Ich habe die Hausaufgaben rechtzeitig, sorgfältig und vollständig erledigt.				
Ich habe Aufgaben bei der Gruppenarbeit übernommen.				
Ich habe meinen Mitschülern geholfen und sie unterstützt.				

Der Beurteilungsbogen für die mündliche Mitarbeit im Unterricht kann je nach Bedarf modifiziert und analog zum Diagnosebogen für ein Diktat verwendet werden (siehe oben).

Impuls zur Vertiefung

Gestalten Sie für eine Klasse Ihrer Wahl einen Beurteilungsbogen für die mündliche Unterrichtsnote. Wenden Sie ihn an und werten Sie gemeinsam mit den Schülern die Erfahrungen aus.

Alternative Schülerleistungen
Schriftliche Arbeiten und Tests wie auch die Beurteilung der mündlichen Mitarbeit stellen nach wie vor sinnvolle und unverzichtbare Instrumente der Bewertung von Schülerleistungen dar. Sie bedürfen aber einer Ergänzung durch alternative Schülerleistungen, wie z. B. Referat, Projekt, fachpraktische Arbeit u. a. Auf diese Weise können die Schüler ihre individuellen Stärken in einem ganzheitlichen Sinne im schulischen oder unterrichtlichen Kontext einbringen.[8]

Es hat sich bewährt, sich innerhalb einer Schule fächerübergreifend über die Formen und Anforderungen der alternativen Schülerleistungen zu verständigen und sich auf eine gemeinsame Grundlage zu einigen, die den Lehrkräften und Schülern trotzdem noch genügend Freiraum lässt. Ist ein Konsens erzielt, sollte man den Schülern zur Orientierung einen schriftlichen Überblick an die Hand geben.

Beispiel: Form und Anforderungen für eine Präsentation in Klassenstufe 7 und 8

Dauer: ca. 15 Minuten freier Vortrag, anschließend ca. 5 Minuten Gespräch
Ort/Zeitpunkt: Schule (Unterricht, Tag der Offenen Tür o. a.) oder außerschulischer Lernort (Museum, Ausstellung etc.)
Sonstige Anforderungen: Eine Woche vor der Präsentation wird dem Lehrer eine schriftliche Gliederung sowie eine schriftliche Zusammenfassung für die Mitschüler (maximal 1 DIN A4-Seite) vorgelegt. Außerdem werden die Quellen angegeben und eine schriftliche Versicherung beigefügt, dass die Präsentation selbstständig erarbeitet wurde.

Für die Beurteilung alternativer Schülerleistungen sollte man sich gemeinsam mit den Kollegen der Schule fachübergreifend über die zugrunde liegenden Bewertungskriterien verständigen und nach Möglichkeit eine einheitliche Regelung finden. Als Grundkonsens scheint sich an den meisten Schulen für die Mittel- und Oberstufe herauszubilden, dass unter Einbeziehung und Berücksichtigung des Gesamteindrucks die inhaltlich-fachlichen und methodischen Kriterienbereiche meistens mit 2/3 und die personalen und sozialen Kriterienbereiche mit 1/3 gewichtet werden.

Im Rahmen der Vorstellung eines selbst gewählten Jugendbuches kann man z. B. folgende Beurteilungskriterien für die verschiedenen Kompetenzbereiche zugrunde legen.

---

8   Vgl. auch Scholz/Weber (2010)

> **Beispiel: Beurteilungskriterien für die Präsentation eines Buches**
>
> *Inhaltlich-fachliche und methodische Kompetenzen:*
> - Sachliche Richtigkeit: korrekte und vollständige Wiedergabe des gesamten Inhalts sowie wichtiger Aspekte
> - Aufbau: Klarheit, Nachvollziehbarkeit und Logik
> - Verständlichkeit und Medieneinsatz: Veranschaulichung, sinnvoller Einsatz von Materialien, geschickter Umgang mit der Tafel oder dem Laptop
>
> *Personale und soziale Kompetenzen:*
> - Vortragsweise: Sprechtempo, Aussprache, Blickkontakt, Körperhaltung
> - Einbeziehung der Zuhörer: Wecken des Interesses der Mitschüler, Bezug zur Lebenswelt des Publikums
> - Fähigkeit zur Stellungnahme: Eingehen auf Fragen, Begründung der eigenen Meinung

Nach der Buchpräsentation können die zuhörenden Schüler dem Referenten ein erstes Feedback geben. Auch die Lehrkraft sollte möglichst zeitnah eine mündliche und/oder schriftliche Rückmeldung geben, die in Form eines Gespräches oder auch eines Briefes erfolgen kann.

Darüber hinaus bieten sich weitere Formen der Reflexion und Beurteilung von alternativen Schülerleistungen an, wie z. B. das Schreibgespräch oder das Portfolio.[9]

5.7 Differenzierte Schülerleistungen

Analog zu den Differenzierungsmöglichkeiten im Unterricht sollte man auch bei der Leistungsbeurteilung auf eine vielfältige Aufgabenkultur achten, die der Heterogenität der Schülerinnen und Schüler gerecht wird.

Da es in den meisten Bundesländern noch keine bzw. keine klaren rechtlichen Vorgaben zur differenzierten Leistungsbeurteilung gibt, wollen wir die folgenden Beispiele lediglich als Anregung verstanden wissen – in der Hoffnung, damit eine weiterführende schulpolitische und fachdidaktische Diskussion anzustoßen.

Dem unterschiedlichen Arbeitstempo gerecht werden

Schüler einer Klasse haben in der Regel ein unterschiedliches Arbeitstempo: Während die einen zügig die Aufgaben bearbeiten, brauchen andere deutlich mehr Zeit. Bei schriftlichen Klassenarbeiten geraten manche zusätzlich

---

9 Winter/von der Groeben/Lenzen (2002)

unter Druck, da ihre Schreibgeschwindigkeit zu wünschen übrig lässt. Hier kann eine Differenzierung nach Aufgabenumfang Abhilfe schaffen. Im Rahmen einer Übersetzungsklausur im Fremdsprachenunterricht bietet es sich z. B. an, den fremdsprachlichen Text in verpflichtende und freiwillige Übersetzungsabschnitte zu untergliedern: Während die verpflichtenden Textpassagen von allen Schülern der Klasse übersetzt werden müssen, sind die freiwilligen Textpassagen für diejenigen gedacht, die ein größeres Textpensum bewältigen können und wollen. Für die Bewertung kann man analog zur Anzahl der übersetzten Wörter eine entsprechende Fehler-Notenskala bzw. Punkte-Notenskala heranziehen.[10]

Der Vorteil des differenzierten Vorgehens besteht darin, dass die Schüler mit einem zügigen Arbeitstempo gemäß ihren Fähigkeiten gefordert sind, während die langsamen Schüler in Ruhe und mit der gebotenen Sorgfalt ein kürzeres Textpensum bewältigen können.

Dem unterschiedlichen Leistungsniveau gerecht werden

Nicht selten sind schriftliche Leistungsüberprüfungen so konzipiert, dass einzelne Aufgabenstellungen so anspruchsvoll sind, dass einige eher leistungsschwächere Schüler ihre Fähigkeiten nicht einbringen können. Diesen unbefriedigenden Umstand kann eine nach Schwierigkeit gestufte Klassenarbeit beheben: Die Schüler können bei jeder Aufgabe zwischen zwei Schwierigkeitsstufen wählen.

Im Folgenden ist ein Auszug aus einer differenzierten Klassenarbeit in Mathematik (Primarstufe) abgedruckt, bei der die Schüler bei jedem Aufgabentyp zwischen zwei Varianten mit unterschiedlichem Anforderungsniveau wählen können.[11] Die Anzahl der Smilies stellt die Anzahl der erreichbaren Punkte dar.

> **Beispiel: Differenzierte Klassenarbeit in Mathematik (Auszug)**
>
> Bei den Aufgaben gibt es jeweils zwei Schwierigkeitsstufen. Für jede richtig gelöste Aufgabe gibt es maximal die Zahl der angegeben Punkte (Smilies). In der linken Spalte gibt es weniger Punkte, dafür sind die Aufgaben einfacher. Innerhalb der Arbeit kannst du Aufgabe für Aufgabe die Spalte wechseln. Wenn du nur Aufgaben der linken Spalte bearbeitest und alles richtig hast, bekommst du eine 2,0. Bearbeite bitte jeweils nur eine der zur Auswahl stehenden Aufgaben. Wenn du alle Aufgaben erledigt hast, kannst du nach Kontrolle deiner Ergebnisse auch die anderen Aufgaben lösen.

---

10 Scholz/Weber (2010), 67–72.
11 Hennen (2008), 149.

Aufgabe 1 links: ☺☺  Ein *16 cm* langer Trinkhalm ragt *4 cm* aus einem zylindrischen Becherglas mit Durchmesser *6 cm*, wie es die Abbildung zeigt. Berechne die Höhe des Becherglases (runde sinnvoll).	Aufgabe 1 rechts: ☺☺☺  Ein abgeknickter Trinkhalm passt gerade in ein zylindrisches Becherglas, wie in der Abbildung angezeigt. Das Glas ist *11 cm* hoch. Der Trinkhalm hat eine Gesamtlänge von 15 cm. Berechne den Durchmesser des Glases (runde sinnvoll).
Aufgabe 2 links: ☺☺☺ Aus 16 Streichhölzern kann man eine Pyramide mit quadratischer Grundfläche basteln (alle Streichhölzer werden verbraucht). Leite eine Formel für die Höhe der Pyramide her.	Aufgabe 2 rechts: ☺☺☺☺ Aus 12 Streichhölzern kann man eine Pyramide basteln, deren Grundfläche ein gleichseitiges Dreieck ist (alle Streichhölzer werden verbraucht). Leite eine Formel für die Höhe der Pyramide her.

Den unterschiedlichen Interessen gerecht werden und die Teamfähigkeit stärken

Bei der Differenzierung nach Interessen und Lernwegen liegt das besondere Augenmerk auf der horizontalen Heterogenität (vgl. Kapitel 1): Die Schüler können selbst wählen, an welchem Gegenstand und auf welche Weise sie eine Aufgabe bearbeiten wollen. Dies erhöht die Motivation und sorgt bei der abschließenden Präsentationsphase für entsprechende Vielfalt. Nach unserer Erfahrung bietet sich dieser Ansatz besonders im Rahmen der arbeitsteiligen Gruppenarbeit (vgl. Kapitel 3.3) an, die es den Schülerteams ermöglicht, sich verschiedene Aspekte auf unterschiedlichen Wegen zu bearbeiten. Eine Gruppenarbeit fordert die Schüler in besonderer Weise heraus, ihre personalen und vor allem ihre sozialen Kompetenzen zu entfalten und weiterzuentwickeln, indem sie ...

- ... sich selbstständig mit einem Thema auseinandersetzen,
- ... ihren Arbeitsprozess eigenverantwortlich organisieren,
- ... einander zuhören und sich gegenseitig unterstützen,
- ... andere Standpunkte kennenlernen,
- ... Kompromisse schließen,
- ... Gruppengespräche moderieren und
- ... gemeinsam ihre Ergebnisse präsentieren.

In der Praxis hat es sich bewährt, die nach Interessen differenzierte Partner- bzw. Gruppenarbeit mit einer Phase im Plenum einzuleiten und abzuschließen, um zu Beginn der Unterrichtseinheit gemeinsam die notwendigen Grundlagen zu erarbeiten und am Schluss die wichtigsten Ergebnisse vorzustellen, zu würdigen und zusammenzuführen.

In die Beurteilung der arbeitsteiligen Gruppenarbeit können drei Bereiche einfließen, die jeweils mit 1/3 in die Gesamtwertung eingehen:
- Lernprozess, Arbeits- und Teamverhalten während der Gruppenarbeitsphase, wobei der Lehrer nur begrenzt Einblick nehmen kann, sodass die Schüler als Beobachter und Beurteiler einbezogen werden sollten.
- Dokumentationsmappe und
- Präsentation der Ergebnisse im Plenum.

Die folgenden Seiten enthalten ein Beispiel für eine differenzierte Aufgabenstellung für eine Oberstufenklasse im Fach Religion sowie einen Beurteilungsbogen für die Partner- bzw. Gruppenarbeit.

Beispiel: Differenzierte Aufgabenstellung für eine arbeitsteilige Partner- bzw. Gruppenarbeit im Fach Religion in der Oberstufe

Thema: Gottesbilder und Gotteserfahrungen im Alten Testament
»*Die Bibel, die das strengste Bilderverbot enthält, ist zugleich randvoll von Bildern: Gott wird Vater und Mutter, Hirte und Richter, Retter und Rächer genannt. Vielfarbiger und widersprüchlicher, als die Bibel es tut, kann man von Gott nicht sprechen. Es gibt in ihr keinen durchgehenden einheitlichen* »*Gottesgedanken*«. *Wir haben Gott immer nur in Bildern, und in den Bildern haben wir ihn wirklich – aber in keinem Bild geht er ganz auf.*«

(Heinz Zahrnt)

Sie sollen sich in den nächsten beiden Doppelstunden in Partner- bzw. Kleingruppenarbeit mit einem Gottesbild bzw. einer **Gotteserfahrung im Alten Testament** beschäftigen. Zur **Auswahl** stehen:
- Gott als **befreiender Gott** in der Moses-Geschichte
- Gott als **leiser Gott** in der Elia-Geschichte
- Gott als **rätselhafter und geheimnisvoller Gott** im Prediger

Als Textgrundlage stehen Ihnen ein Kapitel aus dem Buch von Heinz Zahrnt mit dem Titel »Das Leben Gottes. Aus einer unendlichen Geschichte«, die Bibel sowie Rezeptionsdokumente aus Literatur, Kunst und Musik zur Verfügung.

Aufgaben
- Erläutern Sie die **politisch-historische Situation** der Gotteserfahrung.
- Beschreiben Sie die jeweilige **Gotteserfahrung** und belegen Sie Ihre Ausführungen mit den entsprechenden Textpassagen.
- Nehmen Sie zu der Gotteserfahrung **Stellung**. Was sagt Ihnen zu? Woran nehmen Sie Anstoß? Begründen Sie Ihre Meinung.
- Wählen Sie bitte ein **Rezeptionsdokument** aus und beschreiben Sie, wie der Künstler, Schriftsteller bzw. Musiker den biblischen Text umgestaltet, indem Sie die Gemeinsamkeiten und Unterschiede herausarbeiten.
- Halten Sie Ihre Ergebnisse in einer **Dokumentationsmappe** schriftlich fest (**2–3 Seiten**) und entwerfen Sie ein **Thesenblatt** (maximal 1 DIN A4-Seite) mit den wichtigsten Ergebnissen (bitte auch an die Überschrift etc. denken!).
- Bereiten Sie eine **Präsentation** von **10–15 Minuten** vor, in der Sie auf pfiffige Weise den Inhalt und Ihre Ergebnisse vorstellen (z. B. Interview, Rollenspiel o. A.). Jedes Gruppenmitglied übernimmt einen Part. Überlegen Sie dabei bitte auch, wie Sie das **Interesse der Mitschüler** wecken und sie zur **Mitarbeit** anregen können.

Beispiel: Beurteilungsbogen für die Partner- /Kleingruppenarbeit

Sie haben sich mehrere Unterrichtsstunden in Partner- oder Kleingruppenarbeit auf die anstehende Präsentation vorbereitet. Bevor Sie Ihren Klassenkameradinnen und Klassenkameraden die Ergebnisse präsentieren, soll jeder und jede von Ihnen zunächst für sich die eigene Arbeit und Arbeitshaltung Revue passieren lassen und möglichst realistisch einschätzen. In Absprache mit Ihren Gruppenmitgliedern sollen Sie für jede Aussage ein Kreuzchen in blauer oder schwarzer Farbe an die entsprechende Stelle setzen. Anschließend wird Ihr Lehrer/Ihre Lehrerin für den Fall, dass er/sie Sie anders einschätzt, ebenfalls ein Kreuzchen setzen. Schätzt Ihr Lehrer Sie besser ein als Sie selbst, so wird er links von Ihrem Kreuzchen ein grünes Kreuzchen setzen; schätzt er Sie schwächer ein als Sie selbst, so setzt er rechts von Ihrem Kreuzchen ein rotes Kreuzchen. Auf diese Weise können Sie gleich sehen, in welchen Bereichen es unterschiedliche Wahrnehmungen gibt, über die Sie miteinander ins Gespräch kommen können.

1. Ich habe immer mitgearbeitet.	1	2	3	4	5	6	Ich habe nicht mitgearbeitet.
2. Ich habe wichtige Ideen eingebracht.	1	2	3	4	5	6	Ich habe keine Ideen eingebracht.
3. Ich habe Aufgaben übernommen.	1	2	3	4	5	6	Ich habe keine Aufgaben übernommen.
4. Ich habe meine Aufgaben rechtzeitig und vollständig erledigt.	1	2	3	4	5	6	Ich habe meine Aufgaben nicht rechtzeitig und nicht vollständig erledigt.
5. Ich habe unsere Arbeit nicht gestört.	1	2	3	4	5	6	Ich habe unsere Arbeit ständig gestört.
6. Ich habe meine Gruppenmitglieder bei der Arbeit unterstützt.	1	2	3	4	5	6	Ich habe die Gruppenmitglieder nicht bei der Arbeit unterstützt.

Teilnoten
Durchschnittsnote der Selbstbeurteilung (1/3):......................
in Absprache bzw. Abstimmung mit der Lehrkraft

Note für die Dokumentationsmappe (1/3):...........................

Note für die Präsentation vor der Klasse (1/3): ....

Gesamtnote ....

Impuls für die Unterrichtspraxis
Wählen Sie aus Kapitel 5.6 und 5.7 einen Bereich der Schülerleistungen aus (schriftliche, mündliche oder alternative). Überlegen Sie, welche Anregungen Sie aufgreifen und in bzw. mit Ihrer Klasse umsetzen möchten

Literatur

- *Paradies/Wester/Greving (2005):* Praxisorientierte Hilfestellungen und Kopiervorlagen für eine kompetenzorientierte Leistungsbewertung in offenen und geschlossenen Unterrichtsformen
- *Scholz/Weber (2010):* Das Autorenteam zeigt anhand zahlreicher Beispiele aus der Unterrichtspraxis, wie eine differenzierte und kompetenzorientierte Erhebung, Beurteilung und Bewertung von Schülerleistungen gelingen und weiterführende Perspektiven eröffnen kann.
- *Winter (2004):* Anregungen zu neuen Formen der Leistungsbeurteilung, wie z.B. Portfoliokonzept, Lernkontrakte, Lerntagebücher, Bewertungskonferenzen etc.

6. Impulse für die Schulentwicklung

Zahlreiche Publikationen und Stellungnahmen namhafter Experten machen angesichts der immer stärker werdenden Heterogenität der Lerngruppen auf die Notwendigkeit zur Differenzierung aufmerksam. Viele Praktiker stimmen dieser Forderung zu. Doch die Umsetzung in Schule und Unterricht gelingt nur in Ansätzen und scheint an der Realität vor Ort zu scheitern. »Zu wenig Materialien, zu kleine Räume, zu hoher Zeitaufwand!« Das sind die häufigsten Klagen der Lehrkräfte. Das letzte Kapitel enthält praxistaugliche Hinweise, wie die Anregungen zur Diagnose und zur Differenzierung (Kapitel 2 bis 5) mit vertretbarem Zeiteinsatz im Unterrichts- und Schulalltag umgesetzt werden können. Konkrete Überlegungen zur Schulentwicklung sollen die Lehrkräfte zu ersten oder weiteren Schritten einer differenzierten Schul- und Unterrichtskultur ermutigen.

Da es nicht Aufgabe dieses Kapitels sein kann, auf den gesamten Themenkomplex der Schulentwicklung einzugehen, sollen im Folgenden lediglich einige wenige Aspekte skizziert werden, die für eine differenzierte Unterrichts- und Schulkultur besonders wichtig erscheinen. In der am Ende des Kapitels empfohlenen Literatur werden ausführliche Handlungskonzepte zur pädagogischen Schulentwicklung samt Planungs- und Arbeitshilfen vorgestellt.

Vorab sei betont, dass die drei Bereiche der Schulentwicklung – Personal-, Unterrichts- und Organisationsentwicklung – einander ergänzen und nur im erfolgreichen Zusammenspiel zur Verbesserung der Unterrichtsqualität und des Lernerfolges beitragen können, die das eigentliche Ziel und das ausschlaggebende Kriterium für alle schulischen Entwicklungsvorhaben sein müssen.[1]

Die Impulse zur Schulentwicklung sollen und können weder alle auf einmal noch von allen Kolleginnen und Kollegen umgesetzt werden. Sie sollen vielmehr die Leserinnen und Leser inspirieren, die eine oder andere Idee aufzugreifen, ins Kollegium zu tragen, den Rahmenbedingungen vor Ort anzupassen und sukzessive in den Unterrichts- und Schulalltag zu integrieren.

---

1 Helmke (2003)

Schaubild zur Schulentwicklung

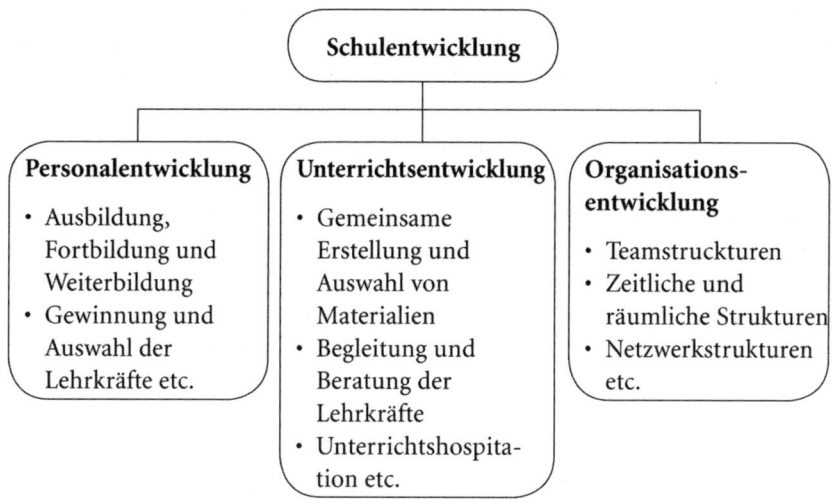

Impuls für die Unterrichtspraxis
Wählen Sie – möglichst gemeinsam mit anderen Kollegen – ein Aufgabenfeld aus, dem Sie sich künftig verstärkt widmen möchten.
Entwickeln Sie erste Ideen und vereinbaren Sie die nächsten Schritte.

Lehrkräfte, die sich an der Unterrichts- und Schulenwicklung nicht aktiv beteiligen wollen oder können, sollten die Pionierarbeit der Vorkämpfer wohlwollend begleiten.

6.1 Personalentwicklung

Unter Personalentwicklung versteht man die Vertiefung und Erweiterung beruflicher Handlungskompetenz.

Zur Personalentwicklung gehören vor allem die Ausbildung und Fortbildung, die Gewinnung und Auswahl sowie die Beratung und Begleitung der Lehrkräfte. Die genannten Aufgabenfelder können nur im Dialog mit den betroffen Kolleginnen und Kollegen umgesetzt werden. Andernfalls sind sie zum Scheitern verurteilt.

Ausbildung, Fortbildung und Weiterbildung

Die Bereiche der pädagogischen Diagnostik und Differenzierung führen in Deutschland – gemessen an ihrer weitreichenden Bedeutung für die Persönlichkeitsentwicklung und den Lernerfolg der Schüler – in der sogenannten ersten Phase der Lehrerausbildung an der Universität sowie an den Pädagogischen Hochschulen bisher ein Schattendasein.[2] In der sogenannten zweiten Phase der Lehrerausbildung an den Schulen und im Seminar erhält dieses Thema zwar einen zunehmend höheren Stellenwert, doch scheint in der deutschen Schulpraxis nach wie vor die Auffassung vorzuherrschen, dass pädagogische Diagnostik und Differenzierung vor allem ein Thema für den förderpädagogischen Bereich sei.

Im Interesse einer differenzierten und individuellen Förderung aller Schülerinnen und Schüler bedarf das Berufsbild des Lehrers einer wichtigen Ergänzung.

> Neben der Rolle des Wissensvermittlers muss der Lehrer in der Ausbildung und Weiterbildung stärker als bisher auf seine Aufgabe als Berater und Begleiter individueller Lernprozesse vorbereitet werden, um mit differenzierten Lernarrangements auf die unterschiedlichen Bedürfnisse und Fähigkeiten der Schüler einzugehen und sie zum selbstgesteuerten und selbstverantwortlichen Lernen anzuleiten.

Die Ausbildung und Weiterbildung zu den Themenbereichen der pädagogischen Diagnostik und Differenzierung darf sich jedoch nicht in theoretischen Impulsen erschöpfen.[3] Vielmehr müssen die angehenden wie auch die im Schuldienst bereits tätigen Lehrkräfte in der Aus- und Fortbildung durch *learning by doing* geschult werden, indem sie immer wieder alltagstaugliche Methoden und Materialien erarbeiten, erproben und weiterentwickeln, die unmittelbar im Unterricht und in der Schule vor Ort zum Einsatz kommen können.[4]

Im Interesse einer nachhaltigen Wirkung hat es sich als günstig erwiesen, für eine Fortbildung mehrere Lehrerinnen und Lehrer zu gewinnen und zu beteiligen, die als Team zusammenarbeiten und als Keimzelle fungieren, welche die Impulse an der jeweiligen Schule konsequent weiterentwickelt.[5] Einzelne Aktivisten sind selten in der Lage, eine Schulentwicklung mit neuen Schwerpunkten auf den Weg zu bringen.

---

2 Helmke (2003)
3 Klippert (2008)
4 Klippert (2004)
5 Buhren/Rolff (2002)

Impuls für die Schulpraxis

Gestalten Sie die nächste schulinterne Fortbildung mit einem engagierten und interessierten Team in Anlehnung an das folgende Fortbildungskonzept. Nach Möglichkeit sollte für jede der fünf Phasen jeweils ein Kollege bzw. eine Kollegin die Federführung übernehmen (Terminabsprachen, Dokumentation, Kommunikation der jeweiligen Phase usw.).
Werten Sie die Erfahrungen aus und ziehen Sie kritisch Bilanz.

Ein nachhaltiges Fortbildungskonzept orientiert sich an den bewährten Schritten für die Qualitätsentwicklung:[6]

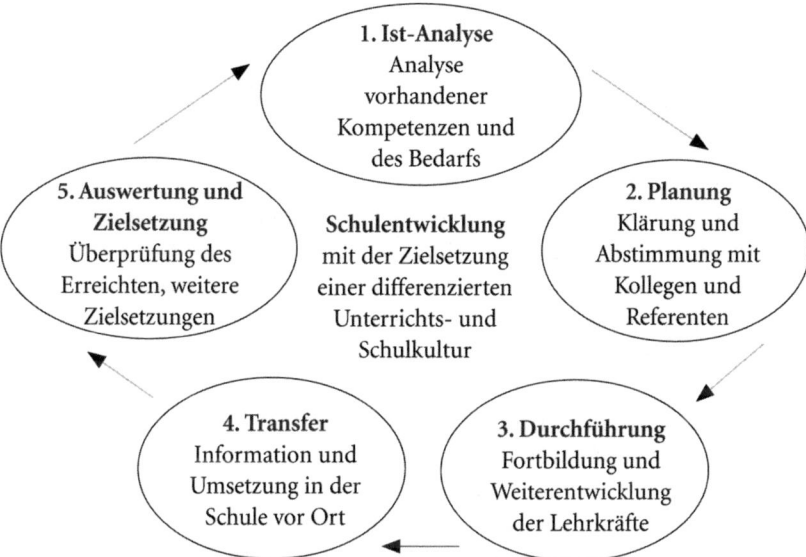

Die einzelnen Schritte sollen im Folgenden kurz erläutert werden:
- *Ist-Analyse:* Der erste Schritt besteht darin, die vorhandenen Kompetenzen sowie den Fortbildungsbedarf des Kollegiums im Hinblick auf die Themen der pädagogischen Diagnose und der Differenzierung zu erheben. Die Ergebnisse sollten in einer Übersicht mit Prioritätensetzung festgehalten und in geeigneter Form kommuniziert werden (z. B. in der Fachkonferenz, Gesamtlehrerkonferenz usw.).
- *Planung:* Nun können die Möglichkeiten und Bedingungen für die Umsetzung geprüft und die weiteren Schritte geplant werden. Dabei gilt es, vor allem die

---
6 In Anlehnung an: Sauter (2010)

zeitlichen, personellen und finanziellen Ressourcen zu klären, inhaltliche und organisatorische Aufgaben abzusprechen und geeignete Fortbildner zu finden.
- *Durchführung:* Bei der Durchführung der Fortbildung sollte besonders darauf geachtet werden, im Rahmen der Fortbildung zur Verfügung gestellte oder gemeinsam erarbeitete Materialien übersichtlich und nach Möglichkeit in digitalisierter Form zu sammeln. Auf diese Weise können die Materialien interessierten Kolleginnen und Kollegen weitergegeben werden und ohne allzu großen Zeitaufwand den Bedürfnissen vor Ort angepasst werden.
- *Transfer:* Der Transfer der Fortbildungsergebnisse und Erfahrungen innerhalb des Kollegiums ist erfahrungsgemäß am schwierigsten.[7] Er kann nur gelingen, wenn der Informations- und Materialienaustausch in entsprechenden Gremien (z. B. Klassen-, Fachkonferenzen etc.) stattfindet und die neuen Erkenntnisse, Fähigkeiten und Fertigkeiten auch praktisch eingeübt und im Klassenzimmer umgesetzt werden. Die Ausführungen zur Organisationsentwicklung geben dazu einige Anregungen.
- *Auswertung und weitere Zielsetzung:* Die Fortbildungsveranstaltungen sollten in ihrer Wirkung auf den Lerngewinn der beteiligten Lehrkräfte wie auch im Hinblick auf die Unterrichts- und Schulentwicklung möglichst zeitnah evaluiert werden. Im Sinne der Nachhaltigkeit ist es sinnvoll, die Ergebnisse der Evaluation dem Kollegium rasch zu kommunizieren. Auf dieser Grundlage können gemeinsam die nächsten Schritte für die weitere Schulentwicklung und die Fortbildungsplanung vereinbart werden.

Gewinnung, Auswahl und Einstellung von Lehrkräften und pädagogischen Förderkräften

Schulen, die sich die differenzierte Förderung von Schülern auf die Fahnen geschrieben haben, brauchen eine große Eigenständigkeit bei der Gewinnung und den Einsatzmöglichkeiten ihrer Mitarbeiter. Deshalb ist ein dezentrales Verfahren der Personalgewinnung sehr zu begrüßen, das den Schulen die Möglichkeit eröffnet, bei der Stellenausschreibung und der Personalauswahl entsprechende Schwerpunkte zu setzen.

Um eine differenzierte und individuelle Förderung und Begleitung der Schülerinnen und Schüler zu gewährleisten, bedarf es freilich außer den Lehrkräften pädagogischer Zusatzkräfte, die sich Kindern und Jugendlichen mit spezifischem Förderbedarf widmen können.

Ein Blick über den Zaun zeigt, dass andere Länder diese Fördernotwendigkeiten längst erkannt und entsprechend reagiert haben. So arbeiten z. B. in schwedischen Schulen Personalteams zusammen, zu denen neben den Lehrkräften

---

[7] Buhren/Rolff (2002)

Schulassistenten, Sonderschul- und Freizeitpädagogen wie auch Schulpsychologen gehören[8] – ein äußerst erfolgreiches Modell, wie die Ergebnisse von PISA zeigen.

6.2 Unterrichtsentwicklung

Unterrichtsentwicklung bezeichnet die planmäßige Ausdifferenzierung der an einer Schule praktizierten Lehr- und Lernformen zu einem von der ganzen Schule getragenen Unterrichtskonzept.[9]

Bei der Unterrichtsentwicklung sollten u. a. folgende Bereiche berücksichtigt werden: Rückmeldung der Schüler, gemeinsame Erstellung und Austausch von differenzierten Materialien, kollegiale Unterrichtshospitation sowie die Beratung und Begleitung der Lehrkräfte.

Rückmeldung der Schülerinnen und Schüler

Nach eigener Erfahrung trägt es zur Verbesserung der Unterrichts- und Beurteilungsqualität bei, wenn die Lehrkraft ihren Unterricht und ihre Beurteilungspraxis in regelmäßigen Abständen z. B. zwei oder drei Mal im Schuljahr anhand eines anonymen Fragebogens von den Schülern bewerten lässt.[10] Die zugrunde liegenden Items können entweder vom Lehrer vorgegeben oder gemeinsam mit den Schülern formuliert werden.

Impuls zum Nachdenken

Überlegen Sie, woran die Schüler erkennen könnten, ob sie im Unterricht individuell und differenziert gefördert werden.

Das Ergebnis der Schülerumfrage sollte in einer der folgenden Stunden vorgestellt und diskutiert werden. Günstig ist ein offener Austausch über positive und kritische Punkte, der in konkrete Überlegungen und Vorschläge für den weiteren Unterricht und die Beurteilungspraxis münden kann.

Darüber hinaus kann der Fragebogen auch zur Standortbestimmung der Fachschaft oder gar der gesamten Schule dienen und wichtige Impulse für den weiteren Schulentwicklungsprozess geben. Denn die Auswertung zeigt in der Regel deutlich, in welchen Bereichen sich Stärken oder Schwächen abzeichnen.

Die Aufgabe der Fachschaft oder des gesamten Kollegiums besteht darin, bei den Problembereichen mögliche Ursachen zu diskutieren, Lösungsvorschläge zu

---

8 Eckert (2004)
9 Paradies/Linser (2001), 28.
10 Kunze (2004)

Beispiel: Umfrage zur differenzierten Förderung im Unterricht

	trifft voll zu	trifft eher zu	weder noch	trifft eher nicht zu	trifft nicht zu	weiß ich nicht
1. Der Lehrer geht im Unterricht auf meine Stärken und Schwächen mit differenzierten Aufgaben und Angeboten ein.						
2. Wenn ich etwas nicht verstehe, erhalte ich sinnvolle Hilfestellungen, mit denen ich selbstständig weiterarbeiten kann.						
3. Schüler, die schon alles verstanden haben, können besonders herausfordernde Aufgaben bearbeiten, wenn sie wollen.						
4. Der Lehrer unterstützt jeden Schüler in unserer Lerngruppe in seinen Stärken und hilft bei Problemen.						
5. Die Rückmeldungen meiner Mitschüler und meines Lehrers helfen mir, meine persönlichen Stärken zu erkennen.						
6. Die Leistungsbeurteilung eröffnet mir eine Perspektive, wie ich in Zukunft erfolgreich weiterarbeiten kann.						
7. Bei der Leistungsbeurteilung werden meine individuellen Interessen und Fähigkeiten berücksichtigt.						
8. In unserer Klasse gehen wir sehr wertschätzend mit unseren individuellen Fähigkeiten und Bedürfnissen um.						

Was ich sonst noch bemerken möchte (gegebenenfalls auf der Rückseite weiterschreiben):

entwickeln, gemeinsam die nächsten Ziele zu formulieren und zu überlegen, wie die gesetzten Ziele in kleinen Schritten sukzessive umgesetzt werden können.[11]

Erstellung und Austausch von differenzierten Unterrichtsmaterialien
Die Zusammenstellung und Konzeption differenzierter Unterrichtsmaterialien gelingt am besten, wenn mehrere Kollegen einer Klasse oder Fachschaft zusammenarbeiten.

Die eigene Herstellung differenzierter Unterrichtsmaterialien erfordert viel Zeit und Mühe. Daher ist es sinnvoll, wenn sich verschiedene Lehrer bereit erklären, sich jeweils für ein Fach und/oder eine Klassenstufe einen Überblick über bereits vorhandene Materialien zu verschaffen und den Kolleginnen und Kollegen in einem Ordner und in digitalisierter Form eine Übersicht zur Verfügung zu stellen.

Für die Erstellung neuer Materialien bieten sich z. B. schulisch festgelegte oder eigenständig vereinbarte Kooperationszeiten an, in denen kleine Lehrerteams zu bestimmten Unterrichtsthemen oder Unterrichtseinheiten differenzierte Aufgabenstellungen in digitalisierter Form erarbeiten und ihren Kollegen zur Verfügung stellen. Auf diese Weise können die Materialien je nach Bedarf ohne allzu großen Aufwand modifiziert werden – ein Vorgehen, das zur Entlastung der Lehrkräfte beiträgt.[12]

Impuls für die Unterrichtspraxis
Widmen Sie Ihre nächste Fachkonferenz dem Austausch und/oder der Erstellung von differenzierten Unterrichtsmaterialien.
Einigen Sie sich im Vorfeld auf eine Klasse und eine Unterrichtseinheit.

Kollegiale Unterrichtshospitation
Um die Unterrichtsqualität im Hinblick auf die Differenzierung und Individualisierung weiterzuentwickeln, bedarf es einer kontinuierlichen Beratung und Begleitung der Lehrkräfte, die auf unterschiedliche Art und Weise erfolgen kann:
- Besuch und Beratung durch den Schulleiter bzw. ein Schulleitungsmitglied,[13]
- regelmäßige Mitarbeitergespräche, bei denen Zielvereinbarungen im Hinblick auf eine differenzierte Unterrichtskultur getroffen werden,[14]
- kollegiale Unterrichtshospitation, bei der ein besonderes Augenmerk auf differenzierte Lernangebote gelegt wird.[15]

---

11 Kempfert/Rolff (2005)
12 Klippert (2006)
13 Offermann/Scholz (2008)
14 Buhren/Rolff (2002)
15 Kempfert/Ludwig (2008)

Im Folgenden soll die kollegiale Unterrichtshospitation skizziert werden.

Bei der kollegialen Unterrichtshospitation besuchen sich zwei Lehrkräfte freiwillig gegenseitig im Unterricht, beobachten das Unterrichtsgeschehen und das Lehrerverhalten nach vorab vereinbarten Kriterien und geben einander ein konstruktives Feedback, um die Unterrichtsqualität zu verbessern.

Damit bietet die kollegiale Unterrichtshospitation für Lehrkräfte eine große Chance, in einem geschützten Rahmen ihr Lehrverhalten kritisch zu reflektieren und kontinuierlich zu verbessern. Folgende Voraussetzungen sollten gegeben sein:
- Die beteiligten Lehrkräfte vertrauen einander und haben ihre Bereitschaft zur kollegialen Unterrichtshospitation erklärt.
- Die Besuche führen zu keiner dienstlichen Beurteilung.
- Die Besuche werden in einer systematischen Form durchgeführt und entsprechend vor- und nachbereitet.
- Die Lehrkräfte sind mit den wichtigsten Feedbackregeln vertraut.
- Die Schülerinnen und Schüler sind vorab informiert.
- Die gegenseitigen Unterrichtsbesuche werden in der Stundenplangestaltung entsprechend berücksichtigt.
- Die Vor- und Nachbesprechungen werden rechtzeitig vereinbart und finden möglichst zeitnah zu den Unterrichtsbesuchen statt.

Impuls für die Unterrichtspraxis
Überlegen Sie, mit welchem Kollegen und in welcher Klasse die eben aufgeführten Kriterien am ehesten umgesetzt werden können. Fragen Sie den Kollegen/die Kollegen bzw. Klasse, ob sie bereit ist, bei der kollegialen Unterrichtshospitation mitzuwirken. Orientieren Sie die kollegiale Unterrichtshospitation an den folgenden Ausführungen, werten Sie die Erfahrungen aus und entwickeln Sie Ihren Unterricht und gegebenenfalls das Konzept der kollegialen Unterrichtshospitation weiter.

Vorbereitung der kollegialen Unterrichtshospitation
Im Interesse einer differenzierten Unterrichtskultur werden vorab entsprechende Beobachtungsschwerpunkte vereinbart, die im Fokus der Unterrichtsbesuche stehen. Darüber hinaus einigen sich die beteiligten Lehrkräfte auf Erfolgsindikatoren, an denen erkennbar ist, ob ein Beobachtungsziel erreicht wurde, und fertigen ein Beobachtungsraster an:

Beispiel: Beobachtungsraster für die Unterrichtshospitation

Beobachter/-in: ....

bei: ....

Klasse: .... Fach/Thema: ....

Datum: ....

Vereinbartes Thema: Differenzierung nach Anforderungsniveau

Erfolgsindikatoren	Beobachtung	Kommentar
Die Schüler können Aufgaben mit unterschiedlichem Anforderungsniveau wählen.		
Die Schüler können ihre Fähigkeiten realistisch einschätzen.		
Leistungsschwache Schüler erhalten Hilfestellungen, mit denen sie weiterarbeiten können.		
Leistungsstarke Schüler werden durch anspruchsvolle Aufgaben herausgefordert.		
Alle Schüler erhalten eine Rückmeldung über ihre Ergebnisse (Kontrollbogen, Feedback o.Ä.).		

Durchführung der kollegialen Unterrichtshospitation

Während der Unterrichtshospitation macht sich der beobachtende Lehrer anhand des Beobachtungsrasters Notizen: In der Spalte »Beobachtungen« beschreibt er ohne jegliche Wertung, was er sieht. In der Spalte »Kommentar« hält er seine persönlichen Vermutungen, Interpretationen und/oder Hinweise fest. Diese zwei Ebenen sollten auch bei der Nachbesprechung unbedingt voneinander getrennt werden.

Nachbesprechung der kollegialen Unterrichtshospitation

Die Nachbesprechung sollte möglichst zeitnah und in einer entspannten Gesprächsatmosphäre stattfinden. Folgende Prinzipien haben sich als hilfreich erwiesen:[16]

---

16 Bovet/Frommer (1999)

- *Wertschätzung:* Der besuchte Kollege sollte spüren, dass es ausschließlich darum geht, gemeinsam den Unterricht zu reflektieren und eine Entwicklungsperspektive zu eröffnen.
- *Dosierung:* Es sollten nur wesentliche Aspekte und beobachtbare Verhaltensweisen thematisiert werden. Pauschalurteile und Typisierungen sind zu vermeiden.
- *Ich-Botschaften:* Der beobachtende Lehrer verwendet Ich-Botschaften und vermeidet Du-Botschaften (»Ich habe ... beobachtet. Diese Verhaltensweise hat auf mich ... gewirkt.«).
- *Empathie:* Im Mittelpunkt der Nachbesprechung steht die Unterrichtskonzeption des unterrichtenden Kollegen. Der unterrichtende Kollege braucht daher Raum, seine Sichtweise einzubringen.
- *Ehrlichkeit und Offenheit:* Trotz der Wertschätzung ist es wichtig, offen und ehrlich zu bleiben, d. h. kritische Punkte müssen auch angesprochen werden.
- *Konstruktive Kritik:* Die Kritik, die man vorbringt, sollte umsetzbar sein. Günstig sind daher ganz konkrete Verbesserungsvorschläge.
- *Gegenseitiges Feedback:* Am Ende der Besprechung geben sich die beiden Lehrer eine kurze Rückmeldung, wie sie die Besprechung empfunden haben, was sie gelernt haben und ob noch Fragen offen geblieben sind, die der Klärung bedürfen.

6.3 Organisationsentwicklung

Unter schulischer Organisationsentwicklung versteht man einen länger angelegten, systematischen und nachhaltigen Entwicklungs- und Veränderungsprozess einer Schule und der in ihr tätigen Personen mit einer bestimmten Zielsetzung.

Zur Organisationsentwicklung gehören zahlreiche Aufgabenbereiche, wie z. B. die Teamentwicklung, die Einrichtung von Steuer- und Planungsgruppen, die Demokratisierung von Schulleitungsstrukturen, die Verbesserung der Informationsflüsse, die Wiederbelebung der Konferenzarbeit, der Aufbau von Netzwerkstrukturen und vieles andere mehr.[17] Im Folgenden sollen nur einzelne Bereiche thematisiert werden, die im Kontext des Umgangs mit der Heterogenität eine tragende Bedeutung haben.

Teamstrukturen

Den Dreh- und Angelpunkt erfolgreicher Schulentwicklung bilden Lehrerteams, die für unterschiedliche Bereiche tätig sind:

---

17 Paradies/Linser (2001)

- *Steuerungsteams:* Ihnen kommt die zentrale Aufgabe zu, die Unterrichts- und Schulentwicklung zu planen, die Arbeit der anderen Teams zu koordinieren, bei Meinungsverschiedenheiten zu vermitteln etc.
- *Klassenteams:* Sie sind für alle Belange zuständig, welche die gesamte Klasse betreffen, wie z. B. Elternarbeit, Planung von außerunterrichtlichen Veranstaltungen, übergeordneten Zielsetzungen etc. In den Klassenteams erhalten die Lehrkräfte oft wichtige Einblicke in die soziale Struktur der Klasse und in den familiären Hintergrund einzelner Schülerinnen und Schüler – eine wichtige Voraussetzung für einen konstruktiven Umgang mit der familiären und sozialen Heterogenität.
- *Fachteams:* Ihnen kommt u. a. die Aufgabe zu, differenzierte Unterrichtsmaterialien zu sichten, zu sammeln, zu erstellen, alternative Formen der Leistungsbeurteilung zu entwickeln usw. Damit haben die Fachteams gerade für die Implementierung der Differenzierung und Individualisierung in Schule und Unterricht eine tragende Funktion.

Impuls zur Vertiefung

In welchem der genannten Teams könnte Ihrer Meinung nach am ehesten eine differenzierte Unterrichts- und Schulkultur entwickelt bzw. weiterentwickelt werden? Überlegen Sie, ob und wie Sie die betreffenden Kollegen zur Mitarbeit anregen können.

Regelmäßige Workshop-Aktivitäten

Einen Schwerpunkt der Lehrerteams bilden regelmäßige Workshop-Aktivitäten zur gemeinsamen Unterrichts- und Materialvorbereitung.[18] Im Sinne der Lehrerentlastung sollten diese gut strukturiert, zielorientiert, zügig und produktorientiert gestaltet sein:

- Die Workshops sollten im Interesse einer positiven Routinebildung regelmäßig an fixen Terminen stattfinden, z. B. jeden ersten Dienstag im Monat von 15.00 bis 17.00 Uhr (Ferien sind selbstverständlich ausgenommen).
- Im Vorfeld werden mit den Kollegen klare Absprachen getroffen: »In dem zweistündigen Workshop sollen auf der Grundlage unseres verwendeten Mathematikbuches differenzierte Aufgaben und Materialien zur Unterrichtseinheit Termgleichungen erstellt werden. Bitte bringen Sie folgende Materialien .... sowie ihr Notebook mit.«
- Zu Beginn des Workshops stellt ein Kollege beispielhaft vor, wie man anhand des im Unterricht verwendeten Mathematikbuches differenzierte Aufgaben und Materialien erstellen kann. Anschließend findet ein kurzer Austausch statt und es werden Absprachen für die Arbeitsphase getroffen.

---

18 Klippert (2010)

- Die beteiligten Kollegen bilden Tandems, die jeweils für einen bestimmten Aufgabenbereich verantwortlich sind.
- Am Ende des Workshops stellen sich die Tandems die ersten Ergebnisse gegenseitig vor und treffen verbindliche Absprachen, bis wann die restlichen Materialien vorliegen sollen.
- Die differenzierten Materialien werden einheitlich digitalisiert und über ein Intranet allen Fachkollegen zur Verfügung gestellt.
- Die konzipierten Materialien werden zeitnah in verschiedenen Klassen erprobt.

Zeitliche und räumliche Strukturen
Um dem unterschiedlichen Lerntempo der Schüler gerecht zu werden, ist eine zeitliche Flexibilisierung hilfreich, die auf vielerlei Weise erfolgen kann:[19]
- Zusammenlegung von 45-Minuten-Einheiten zu 90-Minuten-Blöcken
- Freiarbeitsstunden, in denen die Schüler ihrem eigenen Rhythmus folgen
- Ausgewogene Balance zwischen Stunden, in denen kognitives Lernen im Vordergrund steht, und Stunden, in denen Ruhe und/oder Bewegung praktiziert werden

Auch im Hinblick auf die räumlichen Strukturen bieten sich verschiedene Maßnahmen an, die ein differenziertes Lernen begünstigen:
- Zusätzliche Räume oder Nischen, die Tandem- und Teamarbeit unterstützen
- Regale oder Schränke, in denen Materialien übersichtlich abgelegt werden können
- Gestaltung des Schulhofes mit attraktiven Bewegungsangeboten, wie z. B. Kletterwand

Diese Vorschläge mögen auf den ersten Blick utopisch anmuten. Doch verschiedene Schulen haben gezeigt, wie auch mit wenigen Mitteln viel erreicht werden kann.[20]

Gleichwohl sind auch die Bildungspolitiker und Schulträger gefordert, mehr Sachmittel zur Verfügung zu stellen. Differenzierung und Individualisierung in Schule und Unterricht sind nicht zum Nulltarif zu haben.[21]

Netzwerkstrukturen
Schule und Unterricht sollen die Schüler in ihren individuellen Stärken stärken und sie auf die gegenwärtigen und künftigen Herausforderungen vorbereiten. Dazu brauchen die Kinder und Jugendlichen in der Schule wie auch außerhalb

---

19 von der Groeben (2008)
20 von der Groeben (2008)
21 Klippert (2010)

der Schule authentische Situationen, in denen sie sich bewähren müssen.[22] Eine Schule ist gut beraten, ein entsprechendes Netzwerk zu verschiedenen Institutionen und Personen aufzubauen, mit denen sie im Interesse einer umfassenden Persönlichkeitsbildung der Schüler kooperieren und geeignete außerschulische Angebote machen kann: soziale Praktika, Exkursionen, erlebnispädagogische Projektwochen, Studienfahrten, Feriencamps, Arbeiten in einem Betrieb, sogenannten Entschulungsphasen usw.

Besonders wichtig erscheint uns in diesem Zusammenhang – vor allem im Primar- und unteren Sekundarstufenbereich – die Kooperation mit den Eltern, die für den Entwicklungs- und Bildungsprozess der Kinder eine zentrale Rolle spielt.[23] Denn die Basis erfolgreichen Lernens ist nicht nur die Kooperation zwischen Schülern und Lehrkräften, sondern auch eine Erziehungspartnerschaft zwischen Schule und Eltern.[24]

Schulhospitation
Die Organisationsentwicklung erfordert von allen Beteiligten einen langen Atem, viel Mut und einen hohen Zeitaufwand. Um die anstehenden Aufgaben bewältigen zu können, ist eine Schulhospitation ratsam, bei der man gezielt von anderen Schulen lernen kann, die bereits Ideen umgesetzt haben, die man an der eigenen Schule realisieren möchte. Der konkrete Eindruck im Rahmen einer Schulhospitation ist durch nichts zu ersetzen. Für die genannten Tätigkeitsfelder der Schulentwicklung gibt es mittlerweile Beispielschulen, die man über das Internet finden kann (z. B. der Schulverbund »Blick über den Zaun«: www.blickueberdenzaun.de/)

Impuls für die Schulhospitation
- Es sollten alle Personen teilnehmen, die an der konzeptionellen Arbeit und an der praktischen Umsetzung mitwirken wollen bzw. sollen.
- Außerdem sollte ein Kollege teilnehmen, der den geplanten Veränderungen gegenüber kritisch eingestellt ist.
- Günstig ist es, auch Eltern einzubeziehen, die innerhalb der Elternschaft die Rolle der Meinungsträger einnehmen.
- Vorab sollten die beteiligten Personen schriftlich Fragen formulieren, die der Klärung bedürfen, und diese der Hospitationsschule rechtzeitig mitteilen.
- Bei der Hospitation sollte man möglichst viele Ideen und Anregungen aufnehmen, die später auf die eigene Schule adaptiert und in der Regel modifiziert werden müssen.

---

22 von Hentig (2006)
23 Sacher (2008)
24 Bauer (2007); Korte (2008)

- Damit auch die hospitierte Schule von dem Besuch profitiert, sollte man die Eindrücke und Erfahrungen zeitnah kommunizieren.

Ausblick: Die nächsten Schritte

Die vorgestellten Beispiele aus der Praxis zeigen, wie es gelingen kann eine differenzierte Unterrichtskultur zu etablieren, die unterschiedlich begabte und interessierte Schüler in vielfältiger Weise fördert und fordert. Dabei soll akzeptiert werden, dass trotz intensiven Bemühens nicht alle Schüler zu Höchstleistungen gelangen wollen oder können.

Das Ziel einer differenzierten Unterrichts- und Schulkultur kann nur darin bestehen, die Kenntnisse und Fähigkeiten möglichst vieler Schülerinnen und Schüler zu verbessern, ohne alle auf denselben Leistungsstand zu bringen.

Impulse für die Unterrichtspraxis

Wenn Sie differenzieren wollen, sind Sie gut beraten, zunächst »kleine Brötchen zu backen«.
- Suchen Sie sich Teamkollegen, mit denen Sie sich die Arbeit teilen und mit denen Sie sich regelmäßig austauschen können.
- Beginnen Sie am besten in einer Klasse mit einem Fach bzw. mit einer Unterrichtseinheit, die Sie begeistert und zu der Sie schon viele gute Ideen und zahlreiche Materialien gesammelt oder hergestellt haben.
- Differenzieren Sie zunächst lediglich in einzelnen Unterrichtsphasen (z. B. Übungsphasen), die 15 bis 20 Minuten nicht überschreiten sollten.

Diese ersten Schritte ermutigen in der Regel alle Beteiligten, auf dem Weg der Differenzierung weiterzugehen und alt bewährte Rezepte durch neue Zutaten zu ergänzen.

Literatur

- *Buhren/Rolff (2002)*: Umfassendes Handlungskonzept für die Personalentwicklung mit Hinweisen zu Zielvereinbarungen, Mitarbeitergesprächen, Coaching, Fortbildungsplanung etc.
- *Rolff/Buhren/Lindau-Bank/Müller (2000)*: Handlungsmodell zur pädagogischen Schulentwicklungsberatung mit Anregungen zur Arbeit mit Steuergruppen, Projektplanung, Unterrichtsentwicklung, Umgang mit Konflikten, Entwicklung von Schulprogrammen, Beratung der Schulleitung etc.
- www.blickueberdenzaun.de/

Anhang

Glossar

Akzeleration: schnelleres Durchlaufen eines schulischen Curriculums
Attribuierung/Attribution: Zuschreibung von Ursachen für das Verhalten oder den Erfolg bzw. Misserfolg eines Menschen; die Attribuierung hat weitreichende Bedeutung für das zukünftige Verhalten.
Blended Learning (»vermischtes Lernen«): Lernform, die eine didaktisch sinnvolle Verknüpfung traditioneller Unterrichtsmethoden mit dem E-Learning anstrebt
Differenzierung: Maßnahmen in Schule und Unterricht, mit denen man den Unterschieden der Schülerinnen und Schüler gerecht werden möchte
E-Learning (»elektronisches Lernen«): Lernprozess, der durch elektronische und digitale Informations- und Kommunikationstechnologien unterstützt wird
Enrichment: vertiefende oder ergänzende Anreicherung der regulären Unterrichtsangebote durch zusätzliche Veranstaltungen
Heterogenität: Verschiedenheit der Schülerinnen und Schüler im Hinblick auf ein oder mehrere Merkmale, wie z. B. Alter, Geschlecht, Leistungsstand etc.
Homogenität: Gleichheit bzw. Gleichartigkeit von Schülerinnen und Schülern in Hinblick auf ein bestimmtes Merkmal
Inklusion: Einschluss aller zu unterrichtenden Kinder in einer Schule für alle
Integration: Einbeziehung, Eingliederung von Kindern mit Beeinträchtigungen oder Behinderungen in allgemeinbildende Schulen mit sonderpädagogischer Unterstützung
Koedukation: gemeinsamer Unterricht von Jungen und Mädchen
Monoedukation: getrennter Unterricht von Jungen und Mädchen
OECD: Organization for Economic and Cooperation Development (Organisation für wirtschaftliche Zusammenarbeit und Entwicklung)
PISA: Programm for International Student Assessment; internationale Schulleistungsstudie
Segregation: Absonderung, Trennung einer Schülergruppe von den anderen Schülern
Selektion: Ausleseverfahren, durch das die Schüler vermeintlich homogenen Gruppen, Klassen oder Schulen zugeordnet werden
TIMSS: Trends in International Mathematics and Science Study
Underachievement: erwartungswidrige Minderleistung

Literatur

Ackermann, H., Rahm, S. (Hg.) (2004): Kooperative Schulentwicklung, Wiesbaden
Alhring, I. (Hg.) (2002): Praxis Schule 5-10 Extra: Differenzieren und individualisieren, Braunschweig
Aufenanger, S. (2008): Jungen und Medien, in: Matzner/Tischner 2008, 290-300
Balgo, R., Werning R. (Hg.) (2003): Lernen und Lernprobleme im systemischen Diskurs, Dortmund
Bastian, J. (Mod.) (2003): Heterogenität und Differenzierung, PÄDAGOGIK 9/2003, Weinheim
Bauer, J. (2007): Lob der Schule. Sieben Perspektiven für Schüler, Lehrer und Eltern, 3. Auflage, Hamburg
Becker, G., Lenzen, K.-D., Stäudel, L., Tillmann, K.-J., Werning, R., Winter, F. (Hg.) (2004): Heterogenität. Unterschiede nutzen – Gemeinsamkeiten stärken, Friedrich Jahresheft XXII, Seelze
Bellenberg, G. (1999): Individuelle Schullaufbahnen. Eine empirische Untersuchung über Bildungsverläufe von der Einschulung bis zum Abschluss, Weinheim und München
Beutel, S.-I., Vollstädt (Hg.) (2009): Leistung ermitteln und bewerten, 3. Auflage, Hamburg
Beutel, S.-I., Hinz, R. (2008): Schulanfang im Wandel. Selbstkonzepte der Kinder als pädagogische Aufgabe, Münster
Bischof-Köhler, D. (2004): Von Natur aus anders. Die Psychologie der Geschlechterunterschiede, 2. Auflage, Stuttgart
Bohl, T., Kucharz, D. (2010): Offener Unterricht heute. Konzeptionelle und didaktische Weiterentwicklung, Weinheim und Basel
Bohl, T. (2001): Theoretische Strukturierung – Begründung neuer Beurteilungsformen, in: Grunder/Bohl 2001: Neue Formen der Leistungsbeurteilung in den Sekundarstufen I und II, Baltmannsweiler, 9-49
Boldt, U. (2008): Jungen und Koedukation, in: Matzner/Tischner 2008, 136-149
Boller, S., Lau, R. (Hg.) (2010): Innere Differenzierung in der Sekundarstufe II. Ein Praxishandbuch für Lehrer/innen, Weinheim und Basel
Boller, S., Rosowski, E., Stroot, T. (Hg.) (2007): Heterogenität in Schule und Unterricht. Handlungsansätze zum pädagogischen Umgang mit Vielfalt, Weinheim und Basel
Bönsch, M. (2009): Erfolgreicheres Lernen durch Differenzierung im Unterricht, Braunschweig
- (2004a): Differenzierung in Schule und Unterricht. Ansprüche. Formen. Strategien, München
- (2004b): Intelligente Unterrichtsstrukturen. Eine Einführung in die Differenzierung, Baltmannsweiler
Bos, W., Lankes, E.-M., Plaßmeier, N., Schwippter, K. (Hg.) (2004): Heterogenität. Eine Herausforderung an die empirische Bildungsforschung, Münster u. a.
Bosse, D., Eikenbusch, G., Lange, H., Paradies, L. (Hg.) (2003): Heterogenität und Differenzierung. PÄDAGOGIK 9/2003, Weinheim
Bräu, K., Schwerdt, U. (Hg.) (2005): Heterogenität als Chance. Vom produktiven Umgang mit Gleichheit und Differenz in der Schule, Münster
Bräu, K. (2005): Individualisierung des Lernens – Zum Lehrerhandeln bei der Bewältigung eines Balanceproblems, in: Bräu/Schwerdt 2005, 129-149
Brüning, L., Saum, T. (2006): Erfolgreich unterrichten durch Kooperatives Lernen – Strategien zur Schulaktivierung, Essen
Buhren, C. G., Rolff, H.-G. (2002): Personalentwicklung in Schulen. Konzepte, Praxisbausteine, Methoden, Weinheim und Basel
Bundesministerium für Bildung und Forschung (Hg.) (2007): Bildungs(miss)erfolge von Jungen und Berufswahlverhalten bei Jungen/männlichen Jugendlichen, Bonn

Burrichter, R. (2005): Religiöse Identität in der weltanschaulich pluralen Gesellschaft. Zum Umgang mit Heterogenität im Religionsunterricht der öffentlichen Schule, in: Bräu/Schwerdt 2005, 179-196

Carrington, B., Tymms, P., Merrell, C. (2005a): Forget Gender: Whether a Teacher is Male or Female Doesn't Matter. In: Teacher: The National Education Magazine 12/2005, 32-24

Carrington, B., Tymms, P., Merrell, C. (2005b): Role models, school improvement and the »gender gap«: Do men bring out the best in boys and women the best in girls? Paper presented to the EARLI 2005 Conference. University of Nicosia

Cortina, K. S., Baumert, J., Leschinsky, A., Mayer, K. U., Trommer, L. (Hg.) (2008): Das Bildungswesen in der Bundesrepublik Deutschland. Strukturen und Entwicklungen im Überblick, vollständig überarbeitete Neuausgabe, Reinbek bei Hamburg

Czerwenka, K. (Hg.) (2002): Das aufmerksamkeitsgestörte und hyperaktive Kind. Ursache, didaktische Konzepte, schulische Hilfen, 2., aktualisierte und erweiterte Auflage, Weinheim und Basel

Diefenbach, H. (2008): Jungen und schulische Bildung, in: Matzner/Tischner 2008, 92-108

Drieschner, E. (2009): Bildungsstandards praktisch. Perspektiven kompetenzorientierten Lehrens und Lernens, Wiesbaden

Drumm, J. (Hg.) (2007): Methodische Elemente des Unterrichts. Sozialformen, Aktionsformen, Medien, Göttingen

-, Scholz, I (2007): Partnerarbeit, in: Drumm 2007, 25-31

-, Scholz, I (2007): Gruppenarbeit, in: Drumm 2007, 32-43

Eberwein, H., Knauer, S. (Hg.) (2002): Integrationspädagogik. Kinder mit und ohne Behinderung lernen gemeinsam. Ein Handbuch, 6., vollständig überarbeitete und aktualisierte Auflage, Weinheim und Basel

Eckert, E. (2004): Individuelles Fördern, in: Meyer 2004, 86-103

Edgar, J., Walcroft, E. (2002): Hilfe, ich hab' einen Einstein in meiner Klasse! Wie organisiere ich Begabtenförderung, Mühlheim an der Ruhr

Emmer, A., Hofmann, B., Matthes, G. (2000): Elementares Training bei Kindern mit Lernschwierigkeiten. Training der Motivation. Training der Lernfähigkeit, Neuwied, Kriftel, Berlin

Eller, U., Grimm, W. (2008): Individuelle Lernpläne für Kinder. Grundlagen, Ideen und Verfahren für die Grundschule, Weinheim und Basel

Farnkopf, R. (2009): ADS und Schule. Tipps für Unterricht und Hausaufgaben, 5. Auflage, Weinheim und Basel

Fischer, N., Rustemeyer, R. (2007): Förderung der Erfolgserwartung im Unterrichtsfach Mathematik. Konzeption, Durchführung und Evaluation einer Interventionsmaßnahme für Lehrkräfte, in: Ludwig, P., Ludwig, H. (Hg.) (2007): Erwartungen in himmelblau und rosarot. Effekte, Determinanten und Konsequenzen von Geschlechterdifferenzen in der Schule, Weinheim und München

Frommer, H., Bovet, G. (1999): Praxis Lehrerberatung – Lehrerbeurteilung. Konzepte für Ausbildung und Schulaufsicht, Baltmannsweiler

Gardner, H. (2005): Abschied vom IQ. Die Rahmen-Theorie der vielfachen Intelligenzen, 4. Auflage, Stuttgart

Germscheid, E. (2008): Erlebnispädagogik und Jungenarbeit, in: Matzner/Tischner 2008, 257-266

Graumann, O. (2004): Fordern und Fördern. »Problemkinder« im Alltag der Grundschule, Baltmannsweiler

– (2002): Gemeinsamer Unterricht in heterogenen Lerngruppen. Von lernbehindert bis hochbegabt, Bad Heilbrunn

Green, N., Green, K. (2005): Kooperatives Lernen im Klassenraum und im Kollegium. Das Trainingsbuch, Seelze-Velber

von der **Groeben (2008)**: Verschiedenheit nutzen. Besser lernen in heterogenen Gruppen, Berlin
- (**Mod.**) (**2007**): Umgang mit Heterogenität, PÄDAGOGIK 12/2007, Weinheim
- (**Mod.**) (**2003**): Diagnostische Kompetenz, PÄDAGOGIK 4/2003, Weinheim

Grunder, H.-U., Bohl, T. (Hg.) (2001): Neue Formen der Leistungsbeurteilung in den Sekundarstufen I und II, Baltmannsweiler

Gudjons, H. (2003): Frontalunterricht – neu entdeckt. Integration in offene Unterrichtsformen, Bad Heilbrunn
- (**Hg.**) (**1993**): Handbuch Gruppenunterricht, Weinheim und Basel

Härdt, B. (2000): Besser lernen durch Bewegen und Entspannen. Grundlagen und Übungen für die Sekundarstufe I, Berlin

Hartmann, M. (2002): Der Mythos von den Leistungseliten. Spitzenkarrieren und soziale Herkunft in Wirtschaft, Politik, Justiz und Wissenschaft, Frankfurt und New York

Heller, K. A. (Hg.) (2002): Begabtenförderung im Gymnasium. Ergebnisse einer zehnjährigen Längsschnittstudie, Opladen
- (**Hg.**) (**2001**): Hochbegabung im Kindes- und Jugendalter, 2., überarbeitete und erweiterte Auflage, Göttingen u. a.

Helmke, A. (2003): Unterrichtsqualität – erfassen, bewerten, verbessern, Seelze

Hennen, M. (2008): Mit Unterschieden rechnen – Binnendifferenzierung im Mathematikunterricht, in: Scholz 2008, 122–149

von **Hentig, H. (2006)**: Bewährung. Von der nützlichen Erfahrung nützlich zu sein, München und Wien

Herrmann, U. (Hg.) (2009): Neurodidaktik. Grundlagen und Vorschläge für gehirngerechtes Lehren und Lernen, 2. Auflage, Weinheim

Hettinger, J. (2008): E-Learning in der Schule. Grundlagen, Modelle, Perspektiven, München

Hinz, A. (2009): Altersgemischtes Lernen, in: Hinz/Walthes 2009, 133–142
- (**2008**): Jungen und Gesundheit/Risikoverhalten, in: Matzner/Tischner 2008, 232–244

Hinz, R., Walthes, R. (Hg.) (2009): Heterogenität in der Grundschule. Den pädagogischen Alltag erfolgreich bewältigen, Weinheim und Basel

Höhmann, K. (2004): Förderpläne für jedes Kind! In: Becker 2004, 128–143
- (**2003**): Stärken sehen, Förderung planen. Förderpläne als Bausteine einer sinnvollen Begabtenförderung, in: von der Groeben 2003, 26–29

Huser, J. (2004): Lichtblick für helle Köpfe, 4., überarbeitete und erweiterte Ausgabe, Zürich

Jahnke-Klein (2010): Mädchen und Naturwissenschaften, in: Matzner/Wyrobnik 2010, 242–255

Jost, M. (2003): Hochbegabte erkennen und begleiten. Ein Ratgeber für Schule und Elternhaus, 2., aktualisierte Auflage, Wiesbaden

Jürgens, E., Sacher, W. (2008): Leistungserziehung und Pädagogische Diagnostik in der Schule. Grundlagen und Anregungen für die Praxis, Stuttgart

Kalb, P. (Mod.) (2006) (Mod.): Gesamtschule – Umgang mit Heterogenität, PÄDAGOGIK 7-8/2006, Weinheim

Kasten, H. (2008): Entwicklungspsychologische Aspekte der Erziehung und Bildung von Jungen, in: Matzner/Tischner 2008, 49–62

Kempfert, G., Ludwig, M. (2008): Kollegiale Unterrichtsbesuche. Besser und leichter unterrichten durch Kollegen-Feedback, Weinheim und Basel

Kempfert, G., Rolff, H.-G. (2005): Qualität und Evaluation. Ein Leitfaden für Pädagogisches Qualitätsmanagement, 4., überarbeitete und erweiterte Auflage, Weinheim und Basel

Kessels, U. (2007): Identifikation mit naturwissenschaftlichen Fächern. Ein Vergleich von Schülerinnen in einer monoedukativen und einer koedukativen Schule, in: Herwartz-Emden, L. (Hrsg.) (2007): Neues aus alten Schulen – empirische Studien aus Mädchenschulen, Opladen & Farmington Hills

Kliemann, S. (Hg.) (2008): Diagnostizieren und Fördern in der Sekundarstufe I. Schülerkompetenzen erkennen, unterstützen und ausbauen, Berlin
Klippert, H. (2010): Heterogenität im Klassenzimmer. Wie Lehrkräfte effektiv und zeitsparend damit umgehen können, Weinheim
– **(2008):** Pädagogische Schulentwicklung. Planungs- und Arbeitshilfen zur Förderung einer neuen Lernkultur, 3., neu ausgestattet Auflage, Weinheim und Basel
– **(2006):** Lehrerentlastung. Strategien zur wirksamen Arbeitserleichterung in Schule und Unterricht, Weinheim und Basel
– **(2004):** Lehrerbildung. Unterrichtsentwicklung und der Aufbau neuer Routinen, Weinheim und Basel
Knauer, S. (2008): Integration. Inklusive Konzepte für Schule und Unterricht, Weinheim und Basel
Konietzko, G., Dahlmann, M. (2004): Think – Pair – Share, in: Becker 2004, 118–119
KONSORTIUM Bildungsberichterstattung (2006): Bildung in Deutschland. Ein indikatorengestützter Bericht mit einer Analyse zu Migration und Bildung, Frankfurt am Main
Korte, J. (2008): Erziehungspartnerschaft Eltern – Schule. Von der Elternarbeit zur Elternpädagogik, Weinheim und Basel
Kunze, I. (2004); Schülerpartizipation im Unterricht – Zugeständnis, Handlungsmaxime oder paradoxe Aufforderung? in: Ackermann/Rahm 2004, 293–316
Kunze, I, Solzbacher, C. (Hg.) (2010): Individuelle Förderung in der Sekundarstufe I und II, Baltmannsweiler
Laging, R. (Hg.) (2003): Altersgemischtes Lernen in der Schule, Baltmannsweiler
Lanig, J. (2008): So geht das! Bessere Chance für alle durch individuelle Förderung. Die besten Methoden, Mülheim an der Ruhr
Largo, R. H., Beglinger, M. (2009): Schülerjahre. Wie Kinder besser lernen, 4. Auflage, München und Zürich
Lauth, G. W., Grünke, M., Brunstein, J. C. (Hg.) (2004): Interventionen bei Lernstörungen. Förderung, Training und Therapie in der Praxis, Göttingen u. a.
Lee, J.-H. (2010): Inklusion. Eine kritische Auseinandersetzung mit dem Konzept von Andreas Hinz, Oberhausen
Lienhard-Tuggener, P., Joller-Graf, K., Mettauer Szaday, B. (2011): Rezeptbuch schulische Integration. Auf dem Weg zu einer inklusiven Schule, Bern, Stuttgart, Wien
Ludwig, P. H. (2010): Schulische Erfolgserwartungen und Begabungsselbstbilder bei Mädchen – Strategien ihrer Veränderung, in: Matzner/Wyrobnik 2010, 145–158
Lüthi, E., Oberpriller, H. (2009): Teamentwicklung mit Diversity Management. Methoden-Übungen und Tools, Bern, Stuttgart, Wien
Maaz, K., Baumert, J., Cortina, K. S. (2008): Soziale und regionale Ungleichheit im deutschen Bildungssystem, in: Cortina/Baumert/Leschinsky/Mayer/Trommer 2008, 205–243
Matzner, M., Wyrobnik, I. (Hg.) (2010): Handbuch Mädchen-Pädagogik, Weinheim und Basel
Matzner, M., Tischner, W. (Hg.) (2008): Handbuch Jungen-Pädagogik, Weinheim und Basel
Meister, H. (2000): Differenzierung von A – Z. Eine praktische Anleitung für die Sekundarstufen, Stuttgart
Meyer, H. (2004): Was ist guter Unterricht? Berlin
Möller, J. (2001): Attributionen, in: Rost, D. H. (Hg.): Handwörterbuch Pädagogische Psychologie, 2. überarbeitet und erweiterte Auflage, Weinheim
Möller, K. (2008): Jungen und Gewalt, in: Matzner/Tischner 2008, 274–289
Nuhn, H.-E. (1995): Partnerarbeit als Sozialform des Unterrichts, Weinheim und Basel
Oelkers, J. (2006): Gesamtschule in Deutschland. Eine historische Analyse und ein Ausweg aus dem Dilemma, Weinheim und Basel

Offermann, G., Scholz, I. (2008): »Störe ich?« – Der Schulleiter im Unterricht. Ein Plädoyer für einen unangekündigten Unterrichtsbesuch des Schulleiters, F 1.1, in: Unterrichtsqualität sichern, Stuttgart

Ortner, A., Ortner, R. (2002): Verhaltens- und Lernschwierigkeiten. Ein Handbuch für die Grundschulpraxis, 6. Auflage, Weinheim und Basel

Papenfuss, H. (2009): Lernen geht auch anders. Reformschulen sind die bessere Alternative, Düsseldorf

Paradies, L., Sorrentino, W., Greving, J. (2011): 99 Tipps. Individuelles Fördern, 2. Auflage, Berlin

Paradies, L., Wester, F., Greving, J. (2010): Individualisieren im Unterricht. Erfolgreich Kompetenzen vermitteln, Berlin

Paradies, L., Linser, H. J., Greving, J. (2007): Diagnostizieren, Fordern und Fördern, Berlin

Paradies, L., Linser, H. J. (2001): Differenzieren im Unterricht, Berlin

Petko, D. (Hg.) (2010): Lernplattformen in Schulen. Ansätze für E-Learning und Blended Learning in Präsenzklassen, Wiesbaden

Portmann, R. (1999): Gleich verschieden. Beispiele für eine mädchen- und jungengerechte Koedukation, Wiesbaden

Preckel, F., Brüll, M. (2008): Intelligenztests, München und Basel

Prengel (2005): Heterogenität in der Bildung – Rückblick und Ausblick, in: Bräu/Schwerdt 2005, 19–35

Prengel (2005): Heterogenität in der Bildung – Rückblick und Ausblick, in: Bräu/Schwerdt 2005, 19–35

Preuss-Lausitz, U. (2008): Voraussetzungen einer jungengerechten Schule, in: Matzner/Tischner 2008, 122–135

Rieckmann, C. (2010): Leseförderung in sechsten Hauptschulklassen. Zur Wirksamkeit eines Vielleseverfahrens, Baltmannsweiler

Roedell, W. C., Jackson, N. E., Robinson, H. B. (1989): Hochbegabung in der Kindheit – Besonders begabte Kinder im Vor- und Grundschulalter, Heidelberg

Rohlfs, C., Harring, M., Palentien, C. (Hg.) (2008): Kompetenz-Bildung. Soziale, emotionale und kommunikative Kompetenzen von Kindern und Jugendlichen, Wiesbaden

Rohrmann, T. (2008a): Jungen in der Grundschule, in: Matzner/Tischner 2008, 109–121

Rohrmann, T. (2008b): Zwei Welten? – Geschlechtertrennung in der Kindheit. Forschung und Praxis im Dialog, Opladen & Farmington Hills

Rolff, H.-G., Buhren, C. G., Lindau-Bank, D., Müller, S. (2000): Manual Schulentwicklung. Handlungskonzept zur pädagogischen Schulentwicklungsberatung (SchuB), 3. Auflage, Weinheim und Basel

Rost, D. (Hg.) (2000): Hochbegabte und hochleistende Jugendliche. Neue Ergebnisse aus dem Marburger Hochbegabtenprojekt, Münster, New York, München, Berlin

Rotering-Steinberg, S. (1993): Gruppenpuzzle und Gruppenrallye. Beispiele für kooperative Arbeitsformen, in: Gudjons 1993, 284–293

Sacher, W. (2008): Elternarbeit. Gestaltungsmöglichkeiten und Grundlagen für alle Schularten, Bad Heilbrunn

Sauter, J. (2010): Auch Lehrer lernen! Fortbildung und Weiterbildung für unser Lehrerkollegium, in: Scholz/Offermann 2010, 256–270

Scherling, T., Schuckall, H.-F. (1992): Mit Bildern lernen. Handbuch für den Fremdsprachenunterricht, Berlin u. a.

Scheunpflug, A., Wulf, C. (Hg.) (2006): Biowissenschaft und Erziehungswissenschaft. Beiheft 5–06 der Zeitschrift für Erziehungswissenschaft, Wiesbaden

Schmidt-Wulffen, W. (2008): Motivation und Unterrichtserfolg durch Mitplanung von Schülern, Baltmannsweiler

Schnell, I., Sander, A., Federolf, C. (Hg.) (2011): Zur Effizienz von Schulen für Lernbehinderte. Forschungsergebnisse aus vier Jahrzehnten, Bad Heilbrunn

Schöler, J. (2009): Alle sind verschieden. Auf dem Weg zur Inklusion in der Schule, Weinheim und Basel

Scholz, I. (Hg.) (2008a): Der Spagat zwischen Fördern und Fordern. Unterrichten in heterogenen Klassen, Göttingen

Scholz, I. (2008b): Begabtenförderung – ganz praktisch! Besonders begabte Schüler erkennen und fördern, in: Unterrichtsqualität sichern – Grundschule, Beitrag F 1.5

Scholz, I. (2007): Begabte Kinder entdecken und fördern, in: Grundschule 4/2007, 6–9

–, Offermann, G. (Hg.). (2010): Vielfalt als Chance. Vom Schulmodell zur Modellschule, Göttingen

–, Weber, K.-C. (2010): Denn sie wissen, was sie können. Kompetenzorientierte und differenzierte Leistungsbeurteilung im Lateinunterricht, Göttingen

–, Sauter, J. (2009): Phaedrus – Fabeln. Ein kompetenzorientiertes Lektüreprojekt mit Binnendifferenzierung, Göttingen

Stähling, R. (2009): »Du gehörst zu uns« Inklusive Grundschule. Ein Praxisbuch für den Umbau der Schule, Baltmannsweiler

Stähling, R., Wenders, B. (2009): Ungehorsam im Schuldienst. Der praktische Weg zu einer Schule für alle, Baltmannsweiler

Stapf, A. (2010): Hochbegabte Mädchen, in: Matzner/Wyrobnik 2010, 185–196

Stapf, A. (2003): Hochbegabte Kinder. Persönlichkeit, Entwicklung, Förderung, München

Stapf, A. (1993): Gleich – ähnlich – verschieden? Ergebnisse psychologischer Forschung zum Geschlechtervergleich, in: Der Bürger im Staat (hg. von der Landeszentrale für politische Bildung Baden-Württemberg), 43. Jahrgang, Heft 3, Stuttgart, 155–160

Stern, E. (2004): Schubladendenken, Intelligenz und Lerntypen. Zum Umgang mit unterschiedlichen Lernvoraussetzungen, in: Becker 2004, 36–39

Stiller, K.-T. (2004): Kooperation von Schule und Familie. Hilfen für Kinder mit Lernschwierigkeiten, Bad Heilbrunn

Strüber, D. (2008): Geschlechtsunterschiede im Verhalten und ihre hirnbiologischen Grundlagen, in: Matzner/Tischner 2008, 34–48

Tanner, A., Badertscher, H., Holzer, R., Schindler, A., Streckeisen, U. (Hg.) (2006): Heterogenität und Integration. Umgang mit Ungleichheit und Differenz in Schule und Kindergarten, Zürich

Warzecha, B. (Hg.) (2003): Heterogenität macht Schule. Beiträge aus sonderpädagogischer und interkultureller Perspektive, Münster u. a.

Weber, M. (2003): Heterogenität im Schulalltag. Konstruktion ethnischer und geschlechtlicher Unterschiede, Opladen

Weinert, F. E., Schrader, F.-W. (1986): Diagnose des Lehrers als Diagnostiker, in: Petillon, H., Wagner, J. W. L., Wolf, W. (Hg.): Schülergerechte Diagnose, Weinheim, 11–29

Wellenreuther, M. (2009): Forschungsbasierte Schulpädagogik. Anleitungen zur Nutzung empirischer Forschung für die Schulpraxis, Baltmannsweiler

– (2008): Lehren und Lernen – aber wie? Empirisch-experimentelle Forschungen zum Lehren und Lernen im Unterricht, Baltmannsweiler

Wiater, W. (2001): Das Unterrichtsprinzip Differenzierung, in: Unterrichtsprinzipien, Donauwörth, 26–39

Winebrenner, S. (2007): Besonders begabte Kinder in der Regelschule fördern. Praktische Strategien für die Grundschule und Sekundarstufe I, Donauwörth

Winter, F. (2004): Leistungsbewertung. Eine neue Lernkultur braucht einen anderen Umgang mit Schülerleistungen, Baltmannsweiler

Wolters, J.-M. (2008): Jungen und Wettkampf, Sport und Raufen, in: Matzner/Tischner 2008, 267–273

Zentner, M. R. (1998): Die Wiederentdeckung des Temperaments. Eine Einführung in die Kinder-Temperamentsforschung, Frankfurt am Main

Zetterström, A. (2007): Individuelle Entwicklungspläne. Schüler optimal begleiten und fördern. Das schwedische Modell, Mülheim an der Ruhr

Ziegler, A. (2008): Hochbegabung, München und Basel

–, (2002): Reattributionstrainings, in: Wagner, H. (Hg.): Hochbegabte Mädchen und Frauen, Bad Honnef, 85–97

Ziegler, A., Broome, P., Heller, K. A. (1998): Pygmalion im Mädchenkopf. Erwartungs- und Erfahrungseffekte koedukativen vs. geschlechtshomogenen Physikanfangsunterrichts, in: Psychologie in Erziehung und Unterricht 45, 2–18

Ziener, G. (2008): Bildungsstandards in der Praxis. Kompetenzorientiert unterrichten, Seelze-Velber

Die Autorin

Ingvelde Scholz ist am Friedrich-Schiller-Gymnasium in Marbach am Neckar Lehrerin für Latein, Religion und Projektunterricht. Außerdem ist sie am Staatlichen Seminar für Didaktik und Lehrerbildung in Stuttgart Fachleiterin für Latein, Lehrbeauftragte für pädagogische Psychologie sowie Leiterin der Profilgruppe Begabtenförderung und Differenzierung. Als Fortbildnerin und Referentin ist sie im In- und Ausland gefragt.

Besondere Schwerpunkte ihrer Tätigkeit: Umgang mit Heterogenität, Differenzierung und Individualisierung, Begabten- und Hochbegabtenförderung, kooperative Unterrichts- und Schulentwicklung, Teamentwicklung und Konfliktbewältigung, kooperative Unterrichtsformen, dialogische Formen der Leistungsbeurteilung u. a.

Weitere Infos unter: www.ingvelde-scholz.de

Begabte Schülerinnen und Schüler fördern und fordern

Ingvelde Scholz (Hg.)
Begabtenförderung – ganz praktisch
Tipps für den Unterrichts- und Schulalltag

2014. 159 Seiten, kartoniert
ISBN 978-3-525-70146-1

eBook: 978-3-647-70146-2

Wie kann es gelingen, dass begabte Kinder und Jugendliche Selbstvertrauen entwickeln, ihre Fähigkeiten entfalten und zu starken Persönlichkeiten heranwachsen? Wie können Lehrkräfte, Eltern und Erzieherinnen hochbegabte Kinder frühzeitig erkennen, begleiten und angemessen fördern und fordern?

Das Buch eröffnet anhand von zahlreichen Fallbeispielen praxisorientierte Einblicke in dieses vielschichtige Thema und stellt erprobte und bewährte Methoden der Begabten- und Begabungsförderung vor. Begabtenförderung aus der Praxis für die Praxis!

Verlagsgruppe Vandenhoeck & Ruprecht | V&R unipress

www.v-r.de